René Guénon

APERÇUS SUR L'ÉSOTÉRISME ISLAMIQUE ET LE TAOÏSME

René Guénon

(1886-1951)

Aperçus sur l'ésotérisme islamique et le Taoïsme

1973

Publié par

Omnia Veritas Ltd

www.omnia-veritas.com

AVANT-PROPOS

« Dans l'Islamisme, a écrit Guénon, la tradition est d'essence double, religieuse et métaphysique ; on peut qualifier très exactement d'exotérique le côté religieux de la doctrine, qui est en effet le plus extérieur et celui qui est à la portée de tous, et d'ésotérisme son côté métaphysique, qui en constitue le sens profond, et qui est d'ailleurs regardé comme la doctrine de l'élite ; et cette distinction conserve bien son sens propre ; puisque ce sont là deux faces d'une seule et même doctrine. »

Il convient d'ajouter que, pour Guénon, l'ésotérisme est toujours et partout le même, quels que soient les noms qu'on lui donne suivant la variété des pays et des traditions. Si la connaissance véritable de l'ultime Réalité est l'objet final de la recherche ésotérique, les méthodes utilisées, bien que souvent analogues, ne sont pas forcément identiques ; elles peuvent varier comme varient les langues et les individus. « La diversité des méthodes, nous écrivait Guénon le 3 octobre 1945, répond à la diversité même des natures individuelles pour lesquelles elles sont faites ; c'est à la multiplicité des voies conduisant toutes à un but unique. »

Dans ce petit livre, nous avons réuni en chapitres un certain nombre d'articles anciens relatifs au Çûfisme (Et-Taçawwûf), c'est-à-dire à l'ésotérisme islamique. On complétera non seulement par quelques passages qui y font allusion dans ses différents ouvrages, notamment dans Le Symbolisme de la Croix, mais aussi par deux articles reproduits dans les Symboles fondamentaux : « Les mystères de la lettre Nûn » et « Sayful-Islam ».

Nous avons donné comme premier chapitre sur l'Ésotérisme islamique, paru dans les Cahiers du Sud, bien qu'il soit postérieur aux autres pour la date de parution, parce que c'est celui qui précise le mieux les particularités de l'initiation en Islam, en définissant les notions fondamentales de Taçawwûf : Shariyah – Tarîqah – Haqîqah ; la première constituant la base exotérique fondamentale nécessaire ; la seconde la Voie et ses moyens ; la troisième le but ou le résultat final. Dans les autres chapitres, Guénon expose avec sa clarté synthétique habituelle ce qu'est le Tawhid et le Faqr, et donne des exemples de sciences traditionnelles à propos de l'Angélologie de l'alphabet arabe, de la Chirologie et de la Science des lettres (Ilmûl-hûrûf).

René Guénon a longuement parlé, notamment dans les Aperçus sur l'initiation, Le Règne de la quantité et les signes des temps et Initiation et réalisation spirituelle, de ce qu'il a appelé la « Contre-initiation » et la « Pseudo-initiation ». Les auteurs arabes ont traité aussi de cette question à propos des awliyâ es-shaytân et à propos des « faux çûfis » qui sont, dit l'un d'eux, « comme des loups parmi les hommes ».

Abû Ishâq Ibrâhîm al-Holwânî demandait un jour à Hussein ibn Mançûr al-Hallâj ce qu'il pensait de l'enseignement ésotérique (madhab al-bâtin). Al-Hallâj lui répondit « Duquel veux-tu parler, du vrai ou du faux ? (bâtin al-bâtil aw bâtin al-Haqq). S'il s'agit de l'ésotérisme vrai, la voie exotérique (sharîyah) est son aspect extérieur et celui qui la suit vraiment découvre son aspect intérieur qui n'est autre que la connaissance d'Allâh (marifah billah) ; quant au faux ésotérisme, ses aspects extérieur et intérieur sont tous les deux plus horribles et détestables l'un que l'autre. Tiens-t'en donc à l'écart. »

Guénon dira semblablement : « Quiconque se présente comme instructeur spirituel sans se rattacher à une forme traditionnelle déterminée ou sans se conformer aux règles établies par celle-ci ne peut avoir véritablement la qualité qu'il s'attribue ; ce peut être, suivant les cas, un vulgaire imposteur ou un "illusionné", ignorant les conditions réelles de l'Initiation ; et dans ce dernier cas plus encore que dans l'autre, il est fort à craindre qu'il ne soit trop souvent, en définitive, rien de plus qu'un instrument au service de quelque chose qu'il ne soupçonne peut-être pas lui-même[1].»

Le dernier chapitre est consacré au Taoïsme et au confucianisme. Il montre que la différence entre l'ésotérisme et l'exotérisme se rencontre également dans les formes non religieuses de la Tradition. Et c'est normal, puisqu'il s'agit là, tant pour les rites que pour la perspective, d'une différence de nature et même de nature profonde.

Beaucoup plus ancien que La Grande Triade, le dernier livre que Guénon ait publié de son vivant, et où il a parlé le plus de la civilisation chinoise, cet article contient une réflexion finale qui ne manque pas d'intérêt. Guénon y déclare en effet que quelles que soient les conditions cycliques qui pourront entraîner la disparition plus ou moins complète de l'aspect extérieur de la tradition chinoise, l'ésotérisme de celle-ci, le Taoïsme, ne mourra

---

[1]   *Initiation et réalisation spirituelle* ; chapitre sur « Vrais et faux instructeurs spirituels », p. 144-145.

jamais, parce que, dans sa nature essentielle, il est éternel, c'est-à-dire au-delà de la condition temporelle.

Comme nous l'avons fait précédemment pour les recueils posthumes que nous avons présentés aux lecteurs depuis plusieurs années : Études sur la franc-maçonnerie et le compagnonnage, Études sur l'hindouisme, Formes traditionnelles et cycles cosmiques ainsi que pour la nouvelle édition du Théosophisme – nous avons ajouté quelques comptes rendus de livres et de revues où René Guénon donne d'intéressantes précisions sur l'orthodoxie traditionnelle.

Roger Maridort,

février 1973.

Chapitre I

L'ÉSOTÉRISME ISLAMIQUE [*]

De toutes les doctrines traditionnelles, la doctrine islamique est peut-être celle où est marquée le plus nettement la distinction de deux parties complémentaires l'une de l'autre, que l'on peut désigner comme l'exotérisme et l'ésotérisme. Ce sont, suivant la terminologie arabe, *es-shariyah*, c'est-à-dire littéralement la « grande route », commune à tous, et *el-haqîqah*, c'est-à-dire la « vérité » intérieure, réservée à l'élite, non en vertu d'une décision plus ou moins arbitraire, mais par la nature même des choses, parce que tous ne possèdent pas les aptitudes ou les « qualifications » requises pour parvenir à sa connaissance. On les compare souvent, pour exprimer leur caractère respectivement « extérieur » et « intérieur, à l'« écorce » et au « noyau » (*el-qishr wa el-lobb*), ou

---

[*] *Cahiers du Sud*, 1947, p. 153-154.

encore à la circonférence et à son centre. La *shariyah* comprend tout ce que le langage occidental désignerait comme proprement « religieux », et notamment tout le côté social et législatif qui, dans l'Islam, s'intègre essentiellement à la religion ; on pourrait dire qu'elle est avant tout règle d'action, tandis que la *haqîqah* est connaissance pure ; mais il doit être bien entendu que c'est cette connaissance qui donne à la *shariyah* même son sens supérieur et profond et sa vraie raison d'être, de sorte que, bien que tous ceux qui participent à la tradition n'en soient pas conscients, elle en est véritablement le principe, comme le centre l'est de la circonférence.

Mais ce n'est pas tout : on peut dire que l'ésotérisme comprend non seulement la *haqîqah*, mais aussi les moyens destinés à y parvenir ; et l'ensemble de ces moyens est appelé *tarîqah*, « voie » ou « sentier » conduisant de la *shariyah* vers la *haqîqah*. Si nous reprenons l'image symbolique de la circonférence, la *tarîqah* sera représentée par le rayon allant de celle-ci au centre ; et nous voyons alors ceci : à chaque point de la circonférence correspond un rayon, et tous les rayons, qui sont aussi en multitude indéfinie, aboutissent également au centre. On peut dire que ces rayons sont autant de *turuq* adaptées aux êtres qui sont « situés » aux différents points de la circonférence, selon la diversité de leurs natures individuelles ; c'est pourquoi il est dit que « les voies vers Dieu sont aussi nombreuses que les âmes des hommes » (*et-tu-ruqu ila 'Llahi Ka-nufûsi bani Adam*) ; ainsi, les « voies » sont multiples, et d'autant plus différentes entre elles qu'on les envisage plus près de leur point de départ sur la circonférence, mais le but est un, car il n'y a qu'un seul centre et qu'une seule vérité. En toute rigueur, les différences initiales s'effacent, avec l'« individualité » elle-même (*el-inniyah* de *ana*, « moi »), c'est-à-dire quand sont atteints les états supérieurs de l'être et quand les attributs (*çifât*) d'*el-abd*, ou de la créature, qui ne sont proprement que des limitations, disparaissent (*el-fanâ* ou l'« extinction ») pour ne laisser subsister que ceux d'*Allah* (*el-baqâ* ou la « permanence »), l'être étant identifié à ceux-ci dans sa « personnalité » ou son « essence » (*edh-dhât*).

L'ésotérisme, considéré ainsi comme comprenant à la fois *tarîqah* et *haqîqah*, en tant que moyens et fin, est désigné en arabe par le terme général *et-taçawwuf*, qu'on ne peut traduire exactement que par « initiation » ; nous reviendrons d'ailleurs sur ce point par la suite. Les

Occidentaux ont forgé le mot « çûfisme » pour désigner spécialement l'ésotérisme islamique (alors que *taçawwuf* peut s'appliquer à toute doctrine ésotérique et initiatique, à quelque forme traditionnelle qu'elle appartienne) ; mais ce mot, outre qu'il n'est qu'une dénomination toute conventionnelle, présente un inconvénient assez fâcheux : c'est que sa terminaison évoque presque inévitablement l'idée d'une doctrine propre à une école particulière, alors qu'il n'y a rien de tel en réalité, et que les écoles ne sont ici que des *turuq*, c'est-à-dire, en somme, des méthodes diverses, sans qu'il puisse y avoir au fond aucune différence doctrinale, car « la doctrine de l'Unité est unique » (*et-tawhîdu wâhidun*). Pour ce qui est de la dérivation de ces désignations, elles viennent évidemment du mot *çûfî* ; mais, au sujet de celui-ci, il y a lieu tout d'abord de remarquer ceci : c'est que personne ne peut jamais se dire *çûfî*, si ce n'est par pure ignorance, car il prouve par là même qu'il ne l'est pas réellement, cette qualité étant nécessairement un « secret » (*sirr*) entre le véritable *çûfî* et *Allah* ; on peut seulement se dire *mutaçawwuf*, terme qui s'applique à quiconque est entré dans la « voie » initiatique, à quelque degré qu'il soit parvenu ; mais le *çûfî*, au vrai sens de ce mot, est seulement celui qui a atteint le degré suprême. On a prétendu assigner au mot *çûfî* lui-même des origines fort diverses ; mais cette question, au point de vue où l'on se place le plus habituellement, est sans doute insoluble : nous dirions volontiers que ce mot a trop d'étymologies supposées, et ni plus ni moins plausibles les unes que les autres, pour en avoir véritablement une ; en réalité, il faut y voir plutôt une dénomination purement symbolique, une sorte de « chiffre », si l'on veut, qui, comme tel, n'a pas besoin d'avoir une dérivation linguistique à proprement parler ; et ce cas n'est d'ailleurs pas unique, mais on pourrait en trouver de comparables dans d'autres traditions. Quant aux soi-disant étymologies, ce ne sont au fond que des similitudes phonétiques, qui, du reste, suivant les lois d'un certain symbolisme, correspondent effectivement à des relations entre diverses idées venant ainsi se grouper plus ou moins accessoirement autour du mot dont il 'agit ; mais ici, étant donné le caractère de la langue arabe (caractère qui lui est d'ailleurs commun avec la langue hébraïque), le sens premier et fondamental doit être donné par les nombres ; et, en fait, ce qu'il y a de particulièrement remarquable, c'est que par l'addition des valeurs numériques des lettres dont il est formé, le mot *çûfî* a le même nombre que *El-Hekmah el-ilahiyah*, c'est-à-dire « la Sagesse divine ». Le *çûfî* véritable est donc celui qui possède cette Sagesse, ou, en d'autres termes, il est *el-ârif bi' Llah*, c'est-à-dire « celui qui connaît par Dieu », car Il ne peut être connu que par Lui-même ; et c'est bien là le degré suprême et « total » dans la connaissance de la *haqîqah* [2].

---

[2] Dans un ouvrage sur le *Taçawwuf*, écrit en arabe, mais de tendances très modernes, un auteur syrien, qui nous connaît d'ailleurs assez peu pour nous avoir pris pour un « orientaliste », s'est avisé de nous adresser une critique plutôt singulière ; ayant lu, nous ne savons comment, *eç-çûfiah* au lieu *çûfî* (numéro spécial des *Cahiers du Sud* de 1935 sur *L'Islam et l'Occident*), il s'est imaginé que notre calcul était inexact ; voulant ensuite en faire lui-même un à sa façon, il est arrivé, grâce à plusieurs erreurs dans la valeur numérique des lettres, à trouver (cette fois comme équivalent d'*eç-çûfî*, ce qui est encore faux) *el-hakîm el-ilahî*, sans du reste s'apercevoir que, un *ye* valant deux *he*, ces mots forment exactement le même total que *el-hekmah el-ilahiyah* ! Nous savons bien que l'*abjad* est ignoré de l'enseignement scolaire actuel, qui ne connaît plus que l'ordre simplement grammatical des lettres mais tout de même, chez quelqu'un qui a la prétention de traiter de ces questions, une telle ignorance dépasse les bornes permises... Quoi qu'il en soit, *el-hakîm el-îlahi* et *el-hekmah el-ilahiyah* donnent bien le même sens au fond ; mais la première de ces deux expressions a un caractère quelque peu insolite, tandis que la seconde, celle que nous avons indiquée, est au contraire tout à fait traditionnelle.

De tout ce qui précède, nous pouvons tirer quelques conséquences importantes, et tout d'abord celle-ci que le « çûfisme » n'est point quelque chose de « surajouté » à la doctrine islamique, quelque chose qui serait venu s'y adjoindre après coup et du dehors, mais qu'il en est au contraire une partie essentielle, puisque, sans lui, elle serait manifestement incomplète, et même incomplète par en haut, c'est-à-dire quant à son principe même. La supposition toute gratuite d'une origine étrangère, grecque, perse ou indienne, est d'ailleurs contredite formellement par le fait que les moyens d'expressions propres à l'ésotérisme islamique sont étroitement liés à la constitution même de la langue arabe ; et s'il y a incontestablement des similitudes avec les doctrines du même ordre qui existent ailleurs, elles s'expliquent tout naturellement et sans qu'il soit besoin de recourir à des « emprunts » hypothétiques, car, la vérité étant une, toutes les doctrines traditionnelles sont nécessairement identiques en leur essence quelle que soit la diversité des formes dont elles se revêtent. Peu importe d'ailleurs, quant à cette question des origines, que le mot çûfî lui-même et ses dérivés (taçawwuf, mu-taçawwuf) aient existé dans la langue dès le début, ou qu'ils n'aient apparu qu'à une époque plus ou moins tardive, ce qui est un grand sujet de discussion parmi les historiens ; la chose peut fort bien avoir existé avant le mot, soit sous une autre désignation, soit même sans qu'on ait éprouvé alors le besoin de lui en donner une. En tout cas, et ceci doit suffire à trancher la question pour quiconque ne l'envisage pas simplement « de l'extérieur », la tradition indique expressément que l'ésotérisme, aussi bien que l'exotérisme, procède directement de l'enseignement même du Prophète, et, en fait, toute *tariqah* authentique et régulière possède une *silsilah* ou « chaîne de transmission initiatique remontant toujours en définitive à celui-ci à travers un plus ou moins grand nombre d'intermédiaires. Même si, par la suite, certaines *turuq* ont réellement « emprunté », et mieux vaudrait dire « adapté », quelques détails de leurs méthodes particulières (quoique, ici encore, les similitudes puissent tout aussi bien s'expliquer par la possession des mêmes connaissances, notamment en ce qui concerne la « science du rythme » dans ses différentes branches), cela n'a qu'une importance bien secondaire et n'affecte en rien l'essentiel. La vérité est que le « çûfisme » est arabe comme le Coran lui-même, dans lequel il a ses principes directs ; mais encore faut-il, pour les y trouver, que le Coran soit compris et interprété suivant les *haqaïq* qui en constituent le sens profond, et non pas simplement par les procédés linguistiques, logiques et théologiques des *ulamâ ez-zâhir* (littéralement « savants de l'extérieur ») ou docteurs de la *shariyah*, dont la compétence ne s'étend qu'au domaine exotérique. Il s'agit bien là, en effet, de deux domaines nettement différents, et c'est pourquoi il ne peut jamais y avoir entre eux ni contradiction ni conflit réel ; il est d'ailleurs évident qu'on ne saurait en aucune façon opposer l'exotérisme et l'ésotérisme, puisque le second prend au contraire sa base et son point d'appui nécessaire dans le premier, et que ce ne sont là véritablement que les deux aspects ou les deux faces d'une seule et même doctrine.

Ensuite nous devons faire remarquer que, contrairement à une opinion trop répandue actuellement parmi les Occidentaux, l'ésotérisme islamique n'a rien de commun avec le « mysticisme » ; les raisons en sont faciles à comprendre par tout ce que nous avons exposé jusqu'ici. D'abord, le mysticisme semble bien être en réalité quelque chose de tout à fait spécial au Christianisme, et ce n'est que par des assimilations erronées qu'on peut prétendre en trouver ailleurs des équivalents plus ou moins exacts ; quelques ressemblances extérieures, dans l'emploi de certaines expressions, sont sans doute à l'origine de cette méprise, mais elles ne sauraient aucunement la justifier en présence de différences qui portent sur tout l'essentiel. Le mysticisme appartient tout entier, par définition même, au domaine religieux, donc relève purement et simplement de l'exotérisme ; et, en outre, le but vers lequel il tend est assurément loin d'être de l'ordre de la connaissance pure. D'autre part, le mystique, ayant une attitude « passive » et se bornant par conséquent à recevoir ce qui vient à lui en quelque sorte spontanément et sans aucune initiative de sa part, ne saurait avoir de méthode ; il ne peut donc pas y avoir de *tarîqah* mystique, et une telle chose est même inconcevable, car elle est contradictoire au fond. De plus, le mystique, étant toujours un isolé, et cela par le fait même du caractère « passif » de sa « réalisation », n'a ni *sheikh* ou « maître spirituel » (ce qui, bien entendu, n'a absolument rien de commun avec un « directeur de conscience » au sens religieux), ni *silsilah* ou « chaîne » par laquelle lui serait transmise une « influence spirituelle » (nous employons cette expression pour rendre aussi exactement que possible la signification du mot arabe *barakah*), la seconde de ces deux choses étant d'ailleurs une conséquence immédiate de la première. La transmission régulière de l'« influence spirituelle » est ce qui caractérise essentiellement l'« initiation », et même ce qui la constitue proprement, et c'est pourquoi nous avons employé ce mot plus haut pour traduire *taçawwuf* ; l'ésotérisme islamique, comme du reste tout véritable ésotérisme, est « initiatique » et ne peut être autre chose ; et, sans même entrer dans la question de la différence des buts, différence qui résulte d'ailleurs de celle même des deux domaines auxquels ils se réfèrent, nous pouvons dire que la « voie mystique » et la « voie initiatique » sont radicalement incompatibles en raison de leurs caractères respectifs. Faut-il ajouter encore qu'il n'y a en arabe aucun mot par lequel on puisse traduire même approximativement celui de « mysticisme », tellement l'idée que celui-ci exprime représente quelque chose de complètement étranger à la tradition islamique ?

La doctrine initiatique est, en son essence, purement métaphysique au sens véritable et original de ce mot ; mais, dans l'Islam comme dans les autres formes traditionnelles, elle comporte en outre, à titre d'applications plus ou moins directes à divers domaines contingents, tout un ensemble complexe de « sciences traditionnelles » ; et ces sciences étant comme suspendues aux principes métaphysiques dont elles dépendent et dérivent entièrement, et tirant d'ailleurs de ce rattachement et des « transpositions » qu'il permet toute leur valeur réelle, sont par là, bien qu'à un rang secondaire et subordonné, partie intégrante de la doctrine elle-même et non point des adjonctions plus ou moins artificielles ou superflues. Il y a là quelque chose qui semble particulièrement difficile à comprendre pour les Occidentaux, sans doute parce qu'ils ne peuvent trouver chez eux aucun point de comparaison à cet égard ; il y a eu cependant des sciences analogues en Occident, dans l'antiquité et au Moyen Âge, mais ce sont là des choses entièrement oubliées des modernes, qui en ignorent la vraie nature et souvent n'en conçoivent même pas l'existence ; et, tout spécialement, ceux qui confondent l'ésotérisme avec le mysticisme ne savent quels peuvent être le rôle et la place de ces sciences qui, évidemment, représentent des connaissances aussi éloignées que possible de ce que peuvent être les préoccupations d'un mystique, et dont, par suite de l'incorporation au « çûfisme » constitue pour eux une indéchiffrable énigme. Telle est la science des nombres et des lettres, dont nous avons indiqué plus haut un exemple pour l'interprétation du mot *çûfî*, et qui ne se retrouve sous une forme comparable que dans la *qabbalah* hébraïque, en raison de l'étroite affinité des langues qui servent à l'expression de ces deux traditions, langues dont cette science peut même seule donner la compréhension profonde. Telles sont aussi les diverses sciences « cosmologiques » qui rentrent en partie dans ce qu'on désigne sous le nom d'« hermétisme », et nous devons noter à ce propos que l'alchimie n'est entendue dans un sens « matériel » que par les ignorants pour qui le symbolisme est lettre morte, ceux-là mêmes que les véritables alchimistes du Moyen-Age occidental stigmatisaient des noms de « souffleurs » et de « brûleurs de charbon », et qui furent les authentiques précurseurs de la chimie moderne, si peu flatteuse que soit pour celle-ci une telle origine. De même, l'astrologie, autre science cosmologique, est en réalité tout autre chose que l'« art divinatoire » ou la « science conjecturale » que veulent y voir uniquement les modernes ; elle se rapporte avant tout à la connaissance des « lois cycliques », qui joue un rôle important dans toutes les doctrines traditionnelles. Il y a d'ailleurs une certaine correspondance entre toutes ces sciences qui, par le fait qu'elles procèdent essentiellement des mêmes principes, sont, à certain point de vue, comme des représentations différentes d'une seule et même chose : ainsi, l'astrologie, l'alchimie et même la science des lettres ne font pour ainsi dire que traduire les mêmes vérités dans les langages propres à différents ordres de réalité, unis entre eux par la loi de l'analogie universelle, fondement de toute correspondance symbolique ; et, en vertu de cette même analogie, ces sciences trouvent, par une transposition appropriée, leur application dans le domaine du « microcosme » aussi bien que dans celui du « macrocosme », car le processus initiatique reproduit, dans toutes ses phases, le processus cosmologique lui-même. Il faut d'ailleurs, pour avoir la pleine conscience de toutes ces corrélations, être parvenu à un degré très élevé de la hiérarchie initiatique, degré qui se désigne comme celui du « soufre rouge » (*el-Kebrît el ahmar*) ; et celui qui possède ce degré peut, par la science appelée *simiâ* (mot qu'il ne faut pas confondre avec *Kimiâ*), en opérant certaines mutations sur les lettres et les nombres, agir les êtres et les choses qui correspondent à ceux-ci dans l'ordre cosmique. Le *jafr*, qui, suivant la tradition, doit son origine à

Seyidnâ Ali lui-même, est une application de ces mêmes sciences à la prévision des événements futurs ; et cette application où interviennent naturellement les « lois cycliques » auxquelles nous faisions allusion tout à l'heure, présente, pour qui sait la comprendre et l'interpréter (car il y a là comme une sorte de « cryptographie », ce qui n'est d'ailleurs pas plus étonnant au fond que la notation algébrique), toute la rigueur d'une science exacte et mathématique. On pourrait citer bien d'autres « sciences traditionnelles » dont certaines sembleraient peut être encore plus étranges à ceux qui n'ont point l'habitude de ces choses ; mais il faut nous borner, et nous ne pourrions insister davantage là-dessus sans sortir du cadre de cet exposé où nous devons forcément nous en tenir aux généralités.

Enfin, nous devons ajouter une dernière observation dont l'importance est capitale pour bien comprendre le véritable caractère de la doctrine initiatique : c'est que celle-ci n'est point affaire d'« érudition » et ne saurait aucunement s'apprendre par la lecture des livres à la façon des connaissances ordinaires et « profanes ». Les écrits des plus grands maîtres eux-mêmes ne peuvent que servir de « supports » à la méditation ; on ne devient point *mutaçawwuf* uniquement pour les avoir lus, et ils demeurent d'ailleurs le plus souvent incompréhensibles à ceux qui ne sont point « qualifiés », Il faut en effet, avant tout, posséder certaines dispositions ou aptitudes innées auxquelles aucun effort ne saurait suppléer ; et il faut ensuite le rattachement à une *silsilah* régulière, car la transmission de l'« influence spirituelle », qui s'obtient par ce rattachement, est, comme nous l'avons déjà dit, la condition essentielle sans laquelle il n'est point d'initiation, fût-ce au degré le plus élémentaire. Cette transmission, étant acquise une fois pour toutes, doit être le point de départ d'un travail purement intérieur pour lequel les moyens extérieurs ne peuvent être rien de plus que des aides et des appuis, d'ailleurs nécessaires dès lors qu'il faut tenir compte de la nature de l'être humain tel qu'il est en fait ; et c'est par ce travail intérieur seul que l'être s'élèvera de degré en degré, s'il en est capable, jusqu'au sommet de la hiérarchie initiatique, jusqu'à l'« Identité suprême », état absolument permanent et inconditionné, au-delà des limitations de toute existence contingente et transitoire, qui est l'état du véritable *çûfî*.

Chapitre II

L'ÉCORCE ET LE NOYAU

(*El Qishr wa el-Lobb*) [*]

C e titre, qui est celui d'un des nombreux traités de Seyidi Mohyiddin ibn Arabi, exprime sous une forme symbolique les rapports de l'exotérisme et de l'ésotérisme, comparés respectivement à l'enveloppe d'un fruit et à sa partie intérieure, pulpe ou amande [3]. L'enveloppe ou l'écorce (*el-qishr*) c'est la *shariyâh*, c'est-à-dire la loi religieuse extérieure, qui s'adresse à tous et qui est faite pour être suivie par tous, comme l'indique d'ailleurs le sens de « grande route » qui s'attache à la dérivation de son

---

[*] *Le Voile d'Isis*, mars 1931, p. 145-150.

[3] Signalons incidemment que le symbole du fruit a un rapport avec l'« Œuf du Monde », ainsi qu'avec le cœur.

nom. Le noyau (*el-lobb*), c'est la *haqîqah*, c'est-à-dire la vérité ou la réalité essentielle, qui au contraire de la *shariyah*, n'est pas à la portée de tous, mais est réservée à ceux qui savent la découvrir sous les apparences et l'atteindre à travers les formes extérieures qui la recouvrent, la protégeant et la dissimulant tout à la fois [4]. Dans un autre symbolisme, *shariyah* et *haqîqah* sont aussi désignées respectivement comme le « corps » (*el-jism*) et la « moelle » (*el-mukh*) [5], dont les rapports sont exactement les mêmes que ceux de l'écorce et du noyau ; et sans doute trouverait-on encore d'autres symboles équivalent à ceux-là.

Ce dont il s'agit, sous quelque désignation que ce soit, c'est toujours l'« extérieur » (*ez-zâher*) et l'« intérieur » (*el-bâten*), c'est-à-dire l'apparent et le caché, qui d'ailleurs sont tels par leur nature même, et non pas par l'effet de conventions quelconques

---

[4] On pourra remarquer que le rôle des formes extérieures est en rapport avec le double sens du mot « révélation », puisqu'elles manifestent et voilent en même temps la doctrine essentielle, la vérité une, comme la parole le fait d'ailleurs inévitablement pour la pensée qu'elle exprime ; et ce qui est vrai de la parole, à cet égard, l'est aussi de tout autre expression formelle.

[5] On se rappellera ici la « substantifique moelle » de Rabelais, qui représente aussi une signification intérieure et cachée.

ou de précautions prises artificiellement, sinon arbitrairement, par les détenteurs de la doctrine traditionnelle. Cet « extérieur » et cet « intérieur » sont figurés par la circonférence et son centre, ce qui peut être considéré comme la coupe même du fruit évoqué par le symbolisme précédent, en même temps que nous sommes ainsi ramené d'autre part à l'image, commune à toutes les traditions, de la « roue des choses ». En effet, si l'on envisage les deux termes dont il s'agit au sens universel, et sans se limiter à l'application qui en est faite le plus habituellement à une forme traditionnelle particulière, on peut dire que la *shariyah*, la « grande route » parcourue par tous les êtres, n'est pas autre chose que ce que la tradition extrême-orientale appelle le « courant des formes » tandis que la *haqîqah*, la vérité une et immuable, réside dans l'« invariable milieu »[6]. Pour passer de l'une à l'autre, donc de la circonférence au centre, il faut suivre un des rayons : c'est la *tarîqah*, c'est-à-dire le

---

[6] Il est à remarquer, à propos de la tradition extrême-orientale, qu'on y trouve des équivalents très nets de ces deux termes, non comme deux aspects exotérique et ésotérique d'une même doctrine, mais comme deux enseignements séparés, du moins depuis l'époque de Confucius et de Lao-tseu : on peut dire en effet, en toute rigueur, que le Confucianisme correspond à la *shariyah* et le Taoïsme à la *haqîqah*.

« sentier », la voie étroite qui n'est suivie que par un petit nombre [7]. Il y a d'ailleurs une multitude de *turuq*, qui sont tous les rayons de la circonférence pris dans le sens centripète, puisqu'il s'agit de partir de la multiplicité du manifesté pour aller à l'unité principielle : chaque *tarîqah*, partant d'un certain point de la circonférence, est particulièrement appropriée aux êtres qui se trouvent en ce point ; mais toutes, quel que soit leur point de départ, tendent pareillement vers un point unique [8], toutes aboutissent au centre et ramènent ainsi les êtres qui les suivent à l'essentielle simplicité de l'« état primordial ».

---

[7] Les mots *shariyah* et *tarîqah* contiennent l'un et l'autre l'idée de « cheminement » ; donc de mouvement (et il faut noter le symbolisme du mouvement circulaire pour la première et du mouvement rectiligne pour la seconde) ; il y a en effet changement et multiplicité dans les deux cas, la première devant s'adapter à la diversité des conditions extérieures, la seconde à celle des natures individuelles ; seul, l'être qui a atteint effectivement la *haqîqah* participe par là même de son unité et de son immutabilité.

[8] Cette convergence est figurée par celle de la *qiblah* (orientation rituelle) de tous les lieux vers la *Kaabah*, qui est la « maison de Dieu » (*Beit Allah*), et dont la forme est celle d'un cube (image de la stabilité) occupant le centre d'une circonférence qui est la coupe terrestre (humaine) de la sphère de l'Existence universelle.

Les êtres, en effet, dès lors qu'ils se trouvent actuellement dans la multiplicité, sont forcés de partir de là pour quelque réalisation que ce soit ; mais cette multiplicité est en même temps, pour la plupart d'entre eux, l'obstacle qui les arrête et les retient : les apparences diverses et changeantes les empêchent de voir la vraie réalité, si l'on peut dire, comme l'enveloppe du fruit empêche de voir son intérieur ; et celui-ci ne peut être atteint que par ceux qui sont capables de percer l'enveloppe, c'est-à-dire de voir le Principe à travers la manifestation, et même de ne voir que lui en toutes choses, car la manifestation elle-même tout entière n'en est plus alors qu'un ensemble d'expressions symboliques. L'application de ceci à l'exotérisme et à l'ésotérisme entendus dans leur sens ordinaire, c'est-à-dire en tant qu'aspects d'une doctrine traditionnelle, est facile à faire : là aussi, les formes extérieures cachent la vérité profonde aux yeux du vulgaire, alors qu'elles la font au contraire apparaître à ceux de l'élite, pour qui ce qui est un obstacle ou une limitation pour les autres devient ainsi un point d'appui et un moyen de réalisation. Il faut bien comprendre que cette différence résulte directement et nécessairement de la nature même des êtres, des possibilités et des aptitudes que chacun porte en lui-même, si bien que le côté exotérique de la doctrine joue toujours ainsi exactement le rôle qu'il doit jouer pour chacun, donnant à ceux qui ne peuvent aller plus loin tout ce qu'il leur est possible de recevoir dans leur état actuel, et fournissant en même temps à ceux qui le dépassent les « supports », qui sans être jamais d'une stricte nécessité, puisque contingents, peuvent cependant les aider grandement à avancer dans la voie intérieure, et sans lesquels les difficultés seraient telles, dans certains cas, qu'elles équivaudraient en fait à une véritable impossibilité.

On doit remarquer, à cet égard, que, pour le plus grand nombre des hommes, qui s'en tiennent inévitablement à la loi extérieure, celle-ci prend un caractère qui est moins celui d'une limite que celui d'un guide : c'est toujours un lien, mais un lien qui les empêche de s'égarer ou de se perdre ; sans cette loi qui les assujettit à parcourir une route déterminée, non seulement ils n'atteindraient pas davantage le centre, mais ils risqueraient de s'en éloigner indéfiniment, tandis que le mouvement circulaire les en maintient tout au moins à une distance constante [9]. Par là, ceux qui ne peuvent contempler directement la lumière en reçoivent du moins un reflet et une participation ; et ils demeurent ainsi rattachés en quelque façon au Principe, alors même qu'ils n'en ont pas et n'en sauraient avoir la conscience effective. En effet, la circonférence ne saurait exister sans le centre, dont elle procède en réalité tout entière, et, si les êtres qui sont liés à la circonférence ne voient point le centre ni même les rayons chacun d'eux ne s'en trouve pas moins inévitablement à l'extrémité d'un rayon dont l'autre extrémité est le centre même. Seulement, c'est ici que l'écorce s'interpose et cache tout ce qui se trouve à l'intérieur, tandis que celui qui l'aura percée, prenant par là même conscience du rayon correspondant à sa propre position sur la circonférence, sera affranchi de la rotation indéfinie de celle-ci et n'aura qu'à suivre ce rayon pour aller vers le centre ; ce rayon est la *tarîqah* par laquelle, parti de la *shariyah*, il parviendra à la *haqîqah*. Il faut d'ailleurs préciser que, dès que l'enveloppe a été

---

[9] Ajoutons que cette loi doit être regardée normalement comme une application ou une spécification humaine de la loi cosmique elle-même, qui relie pareillement toute la manifestation au Principe, ainsi que nous l'avons expliqué ailleurs à propos de la signification de la « loi de Manu » dans la doctrine hindoue.

pénétrée, on se trouve dans le domaine de l'ésotérisme, cette pénétration étant, dans la situation de l'être par rapport à l'enveloppe elle-même, une sorte de retournement en quoi consiste le passage de l'extérieur à l'intérieur ; c'est même plus proprement, en un sens, à la *tarîqah* que convient cette désignation d'ésotérisme, car, à vrai dire, la *haqîqah* est au-delà de la distinction de l'exotérisme et de l'ésotérisme, qui implique comparaison et corrélation : le centre apparaît bien comme le point le plus intérieur de tous, mais, dès qu'on y est parvenu, il ne peut plus être question d'extérieur ni d'intérieur, toute distinction contingente disparaissant alors en se résolvant dans l'unité principielle. C'est pourquoi *Allah*, de même qu'il est le « Premier et le Dernier » (*El-Awwal wa El-Akher*) [10], est aussi « l'Extérieur et l'Intérieur » (*El-Zâher wa El-Bâten*) [11], car rien de ce qui est ne

---

[10] C'est-à-dire comme dans le symbole de l'*alpha* et de l'*ôméga*, le Principe et la Fin.

[11] On pourrait aussi traduire par l'« Évident » (par rapport à la manifestation) et le « Caché » (en Soi-même), ce qui correspond encore aux deux points de vue de la *shariyah* (d'ordre social et religieux) et de la *haqîqah* (d'ordre purement intellectuel et métaphysique), quoique cette dernière puisse aussi être dite au-delà de tous les points de vue, comme les comprenant tous synthétiquement en elle-même.

saurait être hors de Lui, et en Lui seul est contenue toute réalité, parce qu'Il est Lui-même la Réalité absolue, la Vérité totale : *Hoa El-Haqq*.

Mers, 8 ramadân 1349 H.

Chapitre III

ET-TAWHID [*]

La doctrine de l'unité, c'est-à-dire l'affirmation que le Principe de toute existence est essentiellement Un, est un point fondamental commun à toutes les traditions orthodoxes, et nous pouvons même dire que c'est sur ce point que leur identité de fond apparaît le plus nettement, se traduisant jusque dans l'expression même. En effet, lorsqu'il s'agit de l'Unité, toute diversité s'efface, et ce n'est que lorsqu'on descend vers la multiplicité que les différences de formes apparaissent, les modes d'expression étant alors multiples eux-mêmes comme ce à quoi ils se rapportent, et susceptibles de varier indéfiniment pour s'adapter aux circonstances de temps et de lieux. Mais « la doctrine de l'Unité est unique » (suivant la formule arabe : *Et-Tawhîdu wâhidun*), c'est-à-dire qu'elle

---

[*] *Le Voile d'Isis*, juillet 1930, p. 512-516.

est partout et toujours la même, invariable comme le Principe, indépendante de la multiplicité et du changement qui ne peuvent affecter que les applications d'ordre contingent.

Aussi pouvons-nous dire que, contrairement à l'opinion courante, il n'y a jamais eu nulle part aucune doctrine réellement « polythéiste », c'est-à-dire admettant une pluralité de principes absolue et irréductible. Ce « pluralisme » n'est possible que comme une déviation résultant de l'ignorance et de l'incompréhension des masses, de leur tendance à s'attacher exclusivement à la multiplicité du manifesté : de là l'« idolâtrie » sous toutes ses formes, naissant de la confusion du symbole en lui-même avec ce qu'il est destiné à exprimer, et la personnification des attributs divins considérés comme autant d'êtres indépendants, ce qui est la seule origine possible d'un « polythéisme » de fait. Cette tendance va d'ailleurs en s'accentuant à mesure qu'on avance dans le développement d'un cycle de manifestation, parce que ce développement lui-même est une descente dans la multiplicité, et en raison de l'obscuration spirituelle qui l'accompagne inévitablement. C'est pourquoi les formes traditionnelles les plus récentes sont celles qui doivent énoncer de la façon la plus apparente à l'extérieur l'affirmation de l'Unicité ; et, en fait, cette affirmation n'est exprimée nulle part aussi explicitement et avec autant d'insistance que dans l'Islamisme où elle semble même, si l'on peut dire, absorber en elle toute autre affirmation.

La seule différence entre les doctrines traditionnelles, à cet égard est celle que nous venons d'indiquer : l'affirmation de l'Unité est partout, mais, à l'origine, elle n'avait pas même besoin d'être formulée expressément pour apparaître comme la plus évidente de toutes les vérités, car les hommes étaient alors trop près du Principe pour la méconnaître ou la perdre de vue. Maintenant au contraire, on peut dire que la plupart d'entre eux, engagés tout entiers dans la multiplicité, et ayant perdu la connaissance intuitive des vérités d'ordre supérieur, ne parviennent qu'avec peine à la compréhension de l'Unité ; et c'est pourquoi il devient peu à peu nécessaire, au cours de l'histoire de l'humanité terrestre, de formuler cette affirmation de l'Unité à maintes reprises et de plus en plus nettement, nous pourrions dire de plus en plus énergiquement.

Si nous considérons l'état actuel des choses, nous voyons que cette affirmation est en quelque sorte plus enveloppée dans certaines formes traditionnelles, qu'elle en constitue même parfois comme le côté ésotérique, en prenant ce mot dans son sens le plus large, tandis que dans d'autres, elle apparaît à tous les regards, si bien qu'on en arrive à ne plus voir qu'elle, quoiqu'il y ait assurément, là aussi, bien d'autres choses, mais qui ne sont plus que secondaires vis-à-vis de celle-là. Ce dernier cas est celui de l'Islamisme, même exotérique ; l'ésotérisme ne fait ici qu'expliquer et développer tout ce qui est contenu dans cette affirmation et toutes les conséquences qui en dérivent, et, s'il le fait en termes souvent identiques à ceux que nous rencontrons dans d'autres traditions, telles que le Vêdânta et le Taoïsme, il n'y a pas lieu de s'en étonner, ni de voir là l'effet d'emprunts qui sont historiquement contestables ; il en est ainsi simplement parce que la vérité est une, et parce que, dans cet ordre principiel, comme nous le disions au début, l'Unité se traduit nécessairement jusque dans l'expression elle-même.

D'autre part, il est à remarquer, toujours en envisageant les choses dans leur état présent, que les peuples occidentaux et plus spécialement les peuples nordiques, sont ceux qui semblent éprouver le plus de difficultés à comprendre la doctrine de l'Unité, en même temps qu'ils sont plus engagés que tous les autres dans le changement et la multiplicité. Les deux choses vont évidemment ensemble et peut-être y a-t-il là quelque chose qui tient, au moins en partie, aux conditions d'existence de ces peuples : question de tempérament, mais aussi question de climat, l'un étant d'ailleurs fonction de l'autre, au moins jusqu'à un certain point. Dans les pays du Nord, en effet, où la lumière solaire est faible et souvent voilée, toutes choses apparaissent aux regards avec une égale valeur, si l'on peut dire, et d'une façon qui affirme purement et simplement leur existence individuelle sans rien laisser entrevoir au-delà ; ainsi, dans l'expérience ordinaire elle-même, on ne voit véritablement que la multiplicité. Il en est tout autrement dans les pays où le soleil, par son rayonnement intense, absorbe pour ainsi dire toutes choses en lui-même, les faisant disparaître devant lui comme la multiplicité disparaît devant l'Unité, non qu'elle cesse d'exister selon son mode propre, mais parce que cette existence n'est rigoureusement rien au regard du Principe. Ainsi, l'Unité devient en quelque sorte sensible : ce flamboiement solaire, c'est l'image de la fulguration de l'œil de Shiva, qui réduit en cendre toute manifestation. Le soleil s'impose ici comme le symbole par excellence du Principe Un (*Allahu*

Ahad), qui est l'Être nécessaire, Celui qui seul Se suffit à Lui-même dans Son absolue plénitude (*Allahu Es-Samad*), et de qui dépendent entièrement l'existence et la subsistance de toutes choses, qui hors de Lui ne seraient que néant.

Le « monothéisme », si l'on peut employer ce mot pour traduire *Et-Tawhîd*, bien qu'il en restreigne quelque peu la signification en faisant penser presque inévitablement à un point de vue exclusivement religieux, le « monothéisme », disons-nous, a donc un caractère essentiellement « solaire ». Il n'est nulle part plus « sensible » que dans le désert où la diversité des choses est réduite à son minimum, et où, en même temps, les mirages font apparaître tout ce qu'a d'illusoire le monde manifesté. Là, le rayonnement solaire produit les choses et les détruit tour à tour ; ou plutôt, car il est inexact de dire qu'il les détruit, il les transforme et les résorbe après les avoir manifestées. On ne pourrait trouver une image plus vraie de l'Unité se déployant extérieurement dans la multiplicité sans cesser d'être elle-même et sans en être affectée, puis ramenant à elle, toujours selon les apparences, cette multiplicité qui, en réalité, n'en est jamais sortie, car il ne saurait rien y avoir en dehors du Principe, auquel on ne peut rien ajouter et duquel on ne peut rien retrancher, parce qu'Il est l'indivisible totalité de l'Existence unique. Dans la lumière intense des pays d'Orient, il suffit de voir pour comprendre ces choses, pour en saisir immédiatement la vérité profonde ; et surtout il semble impossible de ne pas les comprendre ainsi dans le désert, où le soleil trace les Noms divins en lettres de feu dans le ciel.

Gebel Seyidna Mousa, 23 shawal 1348 H. Mesr,
Seyidna El-Hussein, 10 moharram 1349 H.
(anniversaire de la bataille de Kerbala).

Chapitre IV

EL-FAQRU [*]

L'être contingent peut être défini comme celui qui n'a pas en lui-même sa raison suffisante ; un tel être, par conséquent, n'est rien par lui-même, et rien de ce qu'il est ne lui appartient en propre. Tel est le cas de l'être humain, en tant qu'individu, ainsi que de tous les êtres manifestés, en quelque état que ce soit, car, quelle que soit la différence entre les degrés de l'Existence universelle, elle est toujours nulle au regard du Principe. Ces êtres, humains ou autres, sont donc, en tout ce qu'ils sont, dans une dépendance complète vis-à-vis du Principe « hors duquel il n'y a rien, absolument rien qui existe » [12] ; c'est dans la conscience de cette dépendance que consiste proprement ce que plusieurs traditions désignent

---

[*] *Le Voile d'Isis*, octobre 1930, p. 714-721.

[12] Mohyiddin ibn Arabi, *Risâlatul-Ahadiyah*.

44

comme la « pauvreté spirituelle ». En même temps, pour l'être qui est parvenu à cette conscience, celle-ci a pour conséquence immédiate le détachement à l'égard de toutes les choses manifestées, car il sait dès lors que ces choses aussi ne sont rien, que leur importance est rigoureusement nulle par rapport à la Réalité absolue. Ce détachement, dans le cas de l'être humain, implique essentiellement et avant tout l'indifférence à l'égard des fruits de l'action, telle que l'enseigne notamment la *Bhagavad-Gîtâ*, indifférence par laquelle l'être échappe à l'enchaînement indéfini des conséquences de cette action : c'est l'« action sans désir » (*nishkâma Karma*), tandis que l'« action avec désir » (*sakâma Karma*) est l'action accomplie en vue de ses fruits.

Par là, l'être sort donc de la multiplicité ; il échappe, suivant les expressions employées par la doctrine taoïste, aux vicissitudes du « courant des formes », à l'alternance des états de « vie » et de « mort », de « condensation » et de « dissipation »[13], passant de la circonférence de la « roue cosmique » à son centre, qui est désigné lui-même comme « le vide (le non-manifesté) qui unit

---

[13] Aristote, dans un sens semblable, dit « génération » et « corruption ».

les rayons et en fait une roue »[14]. « Celui qui est arrivé au maximum du vide, dit aussi Lao-tseu, celui-là sera fixé solidement dans le repos... Retourner à sa racine (c'est-à-dire au Principe à la fois origine première et fin dernière de tous les êtres), c'est entrer dans l'état de repos »[15]. « La paix dans le vide, dit Lie-tseu, est un état indéfinissable ; on ne la prend ni ne la donne ; on arrive à s'y établir »[16]. Cette « paix dans le vide », c'est la « grande paix » (*Es-Sakînah*) de l'ésotérisme musulman [17], qui est en même la « présence divine » au centre de l'être, impliquée par l'union avec le Principe, qui ne peut effectivement s'opérer qu'en ce centre même. « À celui qui demeure dans le non-manifesté, tous les êtres se manifestent... Uni au Principe, il est en harmonie, par lui, avec tous les êtres. Uni au Principe, il connaît tout par les raisons générales supérieures, et n'use plus, par conséquent, de ses divers sens, pour connaître en particulier et

---

[14] Tao-te-King, XI.

[15] Tao-te-King, XVI.

[16] Lie-tseu, I.

[17] Voir le chapitre sur La Guerre et la Paix dans Le Symbolisme de la Croix.

en détails. La vraie raison des choses est invisible, insaisissable, indéfinissable, indéterminable. Seul, l'esprit rétabli dans l'état de simplicité parfaite peut l'atteindre dans la contemplation profonde »[18].

La « simplicité », expression de l'unification de toutes les puissances de l'être, caractérise le retour à l'« état primordial » ; et l'on voit ici toute la différence qui sépare la connaissance transcendante du sage, du savoir ordinaire et « profane ». Cette « simplicité », c'est aussi ce qui est désigné ailleurs comme l'état d'« enfance » (en sanscrit *bâlya*), entendu naturellement au sens spirituel, et qui, dans la doctrine hindoue, est considéré comme une condition préalable pour l'acquisition de la connaissance par excellence. Ceci rappelle les paroles similaires qui se trouvent dans l'Evangile : « Quiconque ne recevra point le Royaume de Dieu comme un enfant, n'y entrera point[19]. » « Tandis que vous avez caché ces choses aux savants et aux

---

[18] Lie-tseu, IV.

[19] Luc, XVIII, 17.

prudents, vous les avez révélées aux simples et aux petits [20]. »

« Simplicité » et « petitesse » sont ici, au fond, des équivalents de la « pauvreté », dont il est si souvent question aussi dans l'Évangile, et qu'on comprend généralement fort mal : « Bienheureux les pauvres en esprit, car le Royaume des Cieux leur appartient [21]. » Cette « pauvreté » (en arabe *El-faqru*) conduit, suivant l'ésotérisme musulman, à *El-fanâ*, c'est-à-dire à l'« extinction » du « moi » [22] ; et, par cette « extinction », on atteint la « station divine » (*El-maqâmul-ilahi*), qui est le point central où toutes les distinctions inhérentes aux points de vue extérieurs sont dépassées, où toutes les oppositions ont disparu et sont résolues dans un parfait équilibre. « Dans l'état primordial, ces oppositions n'existaient pas. Toutes sont dérivées de la diversification des êtres (inhérente à la

---

[20] Matthieu, XI, 25 ; Luc, X, 21.

[21] Matthieu, V, 2

[22] Cette « extinction » n'est pas sans analogie, même quant au sens littéral du terme qui la désigne, avec le *Nirvâna* de la doctrine hindoue ; au-delà d'*El-fanâ* il y a encore *Fanâ el-fanâi*, l'« extinction de l'extinction » qui correspond de même au *Parinirvâna*.

manifestation et contingente comme elle), et de leurs contacts causés par la giration universelle (c'est-à-dire par la rotation de la « roue cosmique » autour de son axe). Elles cessent d'emblée d'affecter l'être qui a réduit son moi distinct et son mouvement particulier à presque rien [23]. » Cette réduction du « moi distinct », qui finalement disparaît en se résorbant en un point unique, est la même chose qu'*El-fanâ*, et aussi que le « vide » dont il a été question plus haut ; il est d'ailleurs évident, d'après le symbolisme de la roue, que le « mouvement » d'un être est d'autant plus réduit que cet être est plus rapproché du centre. « Cet être n'entre plus en conflit avec aucun être, parce qu'il est établi dans l'infini, effacé dans l'indéfini [24]. Il est parvenu et se tient au point de départ des transformations, point neutre où il n'y a pas de conflits. Par concentration de sa nature, par alimentation de son esprit vital, par rassemblement de toutes ses puissances, il s'est uni au principe de toutes les genèses. Sa nature étant entière (totalisée synthétiquement dans l'unité principielle), son

---

[23] Tchoang-tseu, XIX.

[24] La première de ces deux expressions se rapporte à la « personnalité » et la seconde à l'« individualité ».

esprit vital étant intact, aucun être ne saurait l'entamer [25]. »

La « simplicité » dont il a été question plus haut correspond à l'unité « sans dimension » du point primordial, auquel aboutit le mouvement de retour vers l'origine. « L'homme absolument simple fléchit par sa simplicité tous les êtres,... si bien que rien ne s'oppose à lui dans les six régions de l'espace, que rien ne lui est hostile, que le feu et l'eau ne le blesse pas [26]. » En effet, il se tient au centre, dont les six directions sont issues par rayonnement, et où elles viennent, dans le mouvement de retour, se neutraliser deux à deux, de sorte que, en ce point unique, leur triple opposition cesse entièrement, et que rien de ce qui en résulte ou s'y localise ne peut atteindre l'être qui demeure dans l'unité immuable. Celui-ci ne s'opposant à rien, rien non plus ne saurait s'opposer à lui, car l'opposition est nécessairement une relation réciproque, qui exige

---

[25] *Ibid.* La dernière phrase se rapporte encore aux conditions de l'« état primordial » : c'est ce que la tradition judéo-chrétienne désigne comme l'immortalité de l'homme avant la « chute », immortalité recouvrée par celui qui, revenu au « Centre du Monde », s'alimente à l'« Arbre de Vie ».

[26] *Lie-tseu*, II.

deux termes en présence, et qui, par conséquent, est incompatible avec l'unité principielle ; et l'hostilité, qui n'est qu'une suite ou une manifestation extérieure de l'opposition, ne peut exister à l'égard d'un être qui est en dehors et au-delà de toute opposition. Le feu et l'eau, qui sont le type des contraires dans le « monde élémentaire », ne peuvent le blesser, car, à vrai dire, ils n'existent même plus pour lui en tant que contraires, étant rentrés, en s'équilibrant et se neutralisant l'un l'autre par la réunion de leurs qualités apparemment opposées, mais réellement complémentaires, dans l'indifférenciation de l'éther primordial.

Ce point central, par lequel s'établit, pour l'être humain, la communication avec les états supérieurs ou « célestes », est aussi la « porte étroite » du symbolisme évangélique, et l'on peut dès lors comprendre ce que sont les « riches » qui ne peuvent y passer : ce sont les êtres attachés à la multiplicité, et qui, par suite, sont incapables de s'élever de la connaissance distinctive à la connaissance unifiée. Cet attachement, en effet, est directement contraire au détachement dont il a été question plus haut, comme la richesse est contraire à la pauvreté, et il enchaîne l'être à la série indéfinie des cycles de manifestation [27]. L'attachement à la multiplicité est aussi, en un certain sens, la « tentation » biblique, qui, en faisant goûter à l'être le fruit de l'« Arbre de la Science du bien et du mal », c'est-à-dire de la connaissance duelle et distinctive des choses contingentes, l'éloigne de l'unité centrale originelle et l'empêche d'atteindre le fruit de l'« Arbre de Vie » ; et c'est bien par là, en effet, que l'être est soumis à l'alternance des mutations cycliques, c'est-à-dire à la naissance et à la mort. Le parcours indéfini de la multiplicité est figuré précisément par les spires du serpent s'enroulant autour de l'arbre qui symbolise l'« Axe du Monde » : c'est le chemin des « égarés » (Ed-dâllîn), de ceux qui sont dans l'« erreur » au sens étymologique de ce mot, par opposition au « chemin droit » (Eç-çirâtul-musta-qîm), en ascension verticale suivant l'axe même, dont il est parlé dans la première sûrat du Qorân [28].

---

[27] C'est le samsâra bouddhique, la rotation indéfinie de la « roue de vie » dont l'être doit se libérer pour atteindre le Nirvâna.

[28] Ce « chemin droit » est identique au Te ou « Rectitude » de Lao-tseu, qui est la direction qu'un être doit suivre pour que son existence soit selon la « Voie » (Tao), ou, en d'autres termes, en conformité avec le Principe.

« Pauvreté », « simplicité », « enfance », ce n'est là qu'une seule et même chose, et le dépouillement que tous ces mots expriment [29] aboutit à une « extinction » qui est, en réalité, la plénitude de l'être, de même que le « non-agir » (*wou-wei*) est la plénitude de l'activité, puisque c'est de là que sont dérivées toutes les activités particulières : « Le Principe est toujours non-agissant, et cependant tout est fait par lui » [30]. L'être qui est ainsi arrivé au point central a réalisé par là même l'intégralité de l'état humain : c'est l'« homme véritable » (*tchenn-jen*) du Taoïsme, et lorsque, partant de ce point pour s'élever aux états supérieurs, il aura accompli la totalisa-tion parfaite de ses possibilités, il sera devenu l'« homme divin » (*cheun-jen*), qui est l'« Homme Universel » (*El-Insânul-Kâmil*) de l'ésotérisme musulman. Ainsi, on peut dire que ce sont les « riches » au point de vue de la manifestation qui sont véritablement les « pauvres » au regard du Principe, et inversement ; c'est ce qu'exprime encore très nettement cette parole de l'Évangile : « Les derniers seront les premiers, et les

---

[29] C'est le « dépouillement des métaux » dans le symbolisme maçon-nique.

[30] *Tao-te-King*, XXXVII.

premiers seront les derniers »[31] ; et nous devons constater à cet égard, une fois de plus, le parfait accord de toutes les doctrines traditionnelles, qui ne sont que les expressions diverses de la Vérité une.

Mesr, 11 – 12 rabî awal 1349 H ; (Mûlid En-Nabi.)

---

[31] Matthieu, XX, 16.

Chapitre V

Er-Rûh [*]

Suivant les données traditionnelles de la « sciences des lettres », *Allah* créa le monde, non par l'*alif* qui est la première des lettres, mais par le *ba* qui est la seconde ; et, en effet, bien que l'unité soit nécessairement le principe premier de la manifestation, c'est la dualité que celle-ci présuppose immédiatement, et entre les deux termes de laquelle sera produite, comme entre les deux pôles complémentaires de cette manifestation, figurés par les deux extrémités du *ba*, toute la multiplicité indéfinie des existences contingentes. C'est donc le *ba* qui est proprement à l'origine de la création, et celle-ci s'accomplit par lui et en lui, c'est-à-dire qu'il en est à la fois le « moyen » et le « lieu », suivant les deux sens qu'à cette lettre quand elle est prise comme la

---

[*] *Études traditionnelles*, VIII – IX, 1938, p. 287-291.

préposition *bi* [32]. Le *ba*, dans ce rôle primordiale, représente *Er-Rûh*, l'« Esprit », qu'il entendre comme l'Esprit total de l'Existence universelle, et qui s'identifie essentiellement à la « Lumière » (*En-Nûr*) ; il est produit directement par le « commandement divin » (*min amri' Llah*), et, dès qu'il est produit, il est en quelque sorte l'instrument par lequel ce « commandement » opérera toutes choses, qui seront ainsi toutes « ordonnées » par rapport à lui [33] ; avant lui, il n'y a donc qu'*el-amr*, affirmation de l'Etre pur et formulation première de la Volonté suprême, comme avant la dualité il n'y a que l'unité, ou avant le *ba* il n'y a que l'*alif*. Or l'*alif* est la lettre « polaire » (*qutbâniyah*) [34], dont la forme même est

---

[32] C'est aussi pourquoi le *ba* ou son équivalent est la lettre initiale des Livres sacrés : la *Thorah* commence par *Bereshith*, le *Qorân* par *Bismi'Llah* et, bien qu'on n'ait pas actuellement le texte de l'Évangile dans une langue sacrée, on peut du moins remarquer que le premier mot de l'Évangile de saint Jean, en hébreu, serait aussi *Bereshith*.

[33] C'est de la racine *amr* que dérive en hébreu le verbe *yâmer*, employé dans la Genèse pour exprimer l'action créatrice représentée comme « parole » divine.

[34] Comme nous l'avons déjà indiqué ailleurs, *alif* = *qutb* = 111 (*Un hiéroglyphe du Pôle*, n° de mai 1937) ; ajoutons que le nom *Aâlâ*, « Très-Haut », a aussi le même nombre.

celle de l'« axe » suivant lequel s'accomplit l'« ordre » divin ; et la pointe supérieure de l'*alif*, qui est le « secret des secrets » (*sirr el-asrâr*), se reflète dans le point du *ba*, en tant que ce point est le centre de la « circonférence première » (*ed-dâirah el-awwaliyah*) qui délimite et enveloppe le domaine de l'Existence universelle, circonférence qui d'ailleurs, vue en simultanéité dans toutes les directions possibles, est en réalité une sphère, la forme primordiale et totale de laquelle naîtront par différenciation toutes les formes particulières.

Si l'on considère la forme verticale de l'*alif* et la forme horizontale du *ba*, on voit que leur rapport est celui d'un principe actif et d'un principe passif ; et ceci est conforme aux données de la science des nombres sur l'unité et la dualité, non seulement dans l'enseignement pythagoricien, qui est plus généralement connu à cet égard, mais aussi dans celui de toutes les traditions. Ce caractère de passivité est effectivement inhérent au double rôle d'« instrument » et de « milieu » universel dont nous avons parlé tout à l'heure ; aussi *Er-Rûh* est-il, en arabe, un mot féminin ; mais il faut bien prendre garde que, selon la loi de l'analogie, ce qui est passif ou négatif par rapport à la Vérité divine (*El-Haqq*) devient actif ou positif par rapport à la création (*el-*

Khalq) [35]. Il est essentiel de considérer ici ces deux faces opposées, puisque ce dont il s'agit est précisément, si l'on peut s'exprimer ainsi, la « limite » même posée entre *El-Haqq* et *el-Khalq*, « limite » par laquelle la création est séparée de son Principe divin et lui est unie tout à la fois, suivant le point de vue sous lequel on l'envisage ; c'est donc, en d'autres termes, le *barzakh* par excellence [36] ; et, de même qu'*Allah* est « le Premier et le Dernier » (*El-Awwal wa El-Akhir*) au sens absolu, *Er-Rûh* est « le premier et le dernier » relativement à la création.

Ce n'est pas à dire, bien entendu, que le terme *Er-Rûh* ne soit pas pris parfois dans des acceptions plus particulières, comme le mot « esprit » ou ses équivalents plus ou moins exacts dans d'autres langues ; c'est ainsi que, dans certains textes qorâniques notamment, on a pu penser qu'il s'agissait, soit d'une désignation de *Seyidnâ Jibraîl* (Gabriel), soit d'un autre ange à qui cette dénomination d'*Er-Rûh* serait appliquée plus

---

[35] Ce double aspect correspond en un certain sens, dans la Kabbale hébraïque, à celui de la *Shekinah*, féminine, et de *Metatron*, masculin, ainsi que la suite le fera mieux comprendre.

[36] Cf. T. Burckhardt, *Du « barzakh »* (numéro de décembre 1937).

spécialement ; et tout cela peut assurément être vrai suivant les cas ou suivant les applications qui en sont faites, car tout ce qui est participation ou spécification de l'Esprit uni-versel, ou ce qui en joue le rôle sous un certain rapport et à des degrés divers, est aussi *rûh* en un sens relatif, y compris l'esprit en tant qu'il réside dans l'être humain ou dans tout autre être particulier. Cependant, il est un point auquel beaucoup de commentateurs exotériques semblent ne pas prêter une attention suffisante : lorsque *Er-Rûh* est désigné expressément et distinctement à côté des anges (*el-malâïkah*)[37], comment serait-il possible d'admettre que, en réalité, il s'agisse simplement de l'un de ceux-ci ? L'interprétation ésotérique est qu'il s'agit alors de *Seyidnâ Mîtatrûn*, (le *Metatron* de la Kabbale hébraïque) ; cela permet d'ailleurs de s'expliquer l'équivoque qui se produit à cet égard, puisque *Metatron* est aussi représenté comme un ange, bien que, étant au-delà du domaine des existences « séparées », il soit véritablement autre chose et plus

---

[37] Par exemple dans la Sûrat El-Qadr (XCII, 4) : « Tanazzalu'l-malâïkatu wa'r-rûhu fthâ... ».

qu'un ange ; et cela, du reste, correspond bien encore au double du *barzakh* [38].

Une autre considération qui concorde entièrement avec cette autre interprétation est celle-ci :

dans la figuration du « Trône » (*El-Arsh*), *Er-Rûh* est placé au centre, et cette place est effectivement celle de *Metatron* ; le « Trône » est le lieu de la « Présence divine », c'est-à-dire de la *Shekinah* qui, dans la tradition hébraïque, est la « parèdre » ou l'aspect complémentaire de *Metatron*. D'ailleurs, on peut même dire que, d'une certaine façon, *Er-Rûh* s'identifie au « Trône » même, car celui-ci, entourant et enveloppant tous les mondes (d'où l'épithète *El-Muhît* qui lui est donnée), coïncide par là avec la « circonférence première » dont nous avons parlé plus haut [39]. On

---

[38] Dans certaines formules ésotériques, le nom d'*Er-Rûh* est associé à ceux de quatre anges par rapport auxquels il est, dans l'ordre céleste, ce qu'est, dans l'ordre terrestre, le Prophète par rapport aux quatre premiers *Kholafâ* ; cela convient bien à *Mitatrûn*, qui d'ailleurs s'identifie ainsi nettement à *Er-Rûh el-mohammediyah*.

[39] Sur ce sujet du « Trône » et du *Metatron*, envisagé au point de vue de la Kabbale et de l'angélologie hébraïques, cf. Basilide, *Notes sur le monde céleste* (numéro de juillet 1934, p. 274-275), et *Les Anges* (numéro de février 1935, p. 88-70).

retrouve encore ici les deux faces du *barzakh* : du côté d'*El-Haqq*, c'est *Er-Rahmân* qui repose sur le « Trône »[40] ; mais, du côté d'*el-Khalq*, il n'apparaît en quelque sorte que par réfraction à travers *Er-Rûh*, ce qui est en connexion directe avec le sens de ce *hadîth* : « Celui qui me voit, celui-là voit la Vérité » (*man raanî faqad raa el-Haqq*). C'est là, en effet, le mystère de la manifestation « prophétique »[41] ; et l'on sait que suivant la tradition hébraïque également, *Metatron* est l'agent des « théophanies » et le principe même de la prophétie[42], ce qui, exprimé en langage islamique, revient à dire qu'il n'est autre qu'*Er-Rûh el-mohammediyah*, en qui tous les prophètes et les envoyés divins ne sont qu'un, et qui a, dans le « monde d'en bas », son expression ultime dans celui qui est leur « sceau » (*Khâtam el-anbiâï wa'l-*

---

[40] Suivant ce verset de la *Sûrat Tahâ* (XX, 5) : « *Er-Rahmânu al 'arshi estawâ* ».

[41] On peut remarquer que par là se rejoignent d'une certaine façon la conception du Prophète et celle de l'*Avatâra*, qui procèdent en sens inverse l'une de l'autre, la seconde partant de la considération du principe qui se manifeste, tandis que la première part de celle du « support » de cette manifestation (et le « Trône » est aussi le « support » de la divinité).

[42] Cf. *Le Roi du Monde*, p. 30-33.

mursalîn), c'est-à-dire qui les réunit en une synthèse finale qui est le reflet de leur unité principielle dans le « monde d'en-haut » (où il est *awwal Khalqi' Llah*, ce qui est le dernier dans l'ordre manifesté étant analogiquement le premier dans l'ordre principiel), et qui est ainsi le « seigneur des premiers et des derniers » (*seyid el-awwalîna wa'l-akhirîn*).

C'est par là, est par là seulement, que peuvent réellement être compris, dans leur sens profond, tous les noms et les titres du Prophète, qui sont en définitive ceux mêmes de l'« Homme universel » (*El-Insân el-Kâmil*), totalisant finalement en lui tous les degrés de l'Existence, comme il les contenait tous en lui dès l'origine : *alayhi çalatu Rabbil-Arshi dawman*, « que sur lui la prière du Seigneur du Trône soit perpétuellement » !

Chapitre VI

Note sur l'angélologie
de l'alphabet arabe [*]

L e « Trône » divin qui entoure tous les mondes (*El-Arsh El-Muhît*) est représenté, comme il est facile de le comprendre, par une figure circulaire ; au centre est *Er-Rûh*, ainsi que nous l'expliquons par ailleurs ; et le « Trône » est soutenu par huit anges qui sont placés à la circonférence, les quatre premiers aux quatre points cardinaux, et les quatre autres aux quatre points intermédiaires. Les noms de ces huit anges sont formés par autant de groupes de lettres, prises en suivant l'ordre de leurs valeurs numériques, de telle sorte que l'ensemble de ces noms comprend la totalité des lettres de l'alphabet.

Il y a lieu de faire ici une remarque : il s'agit naturellement de l'alphabet de 28 lettres ; mais on dit

---

[*] *Études traditionnelles*, VIII – IX, 1938, p. 324-327.

que l'alphabet arabe n'avait tout d'abord que 22 lettres, correspondant exactement à celles de l'alphabet hébraïque ; de là la distinction qui est faite entre le petit *Jafr*, qui n'emploie que ces 22 lettres, et le grand *Jafr*, qui emploi les 28 en les prenant toutes avec des valeurs numériques distinctes. On peut d'ailleurs dire que les 28 (2 + 8 = 10) sont contenues dans les 22 (2 + 2 = 4) comme 10 est contenu dans 4, suivant la formule de la *Tétraktys* pythagoricienne : $1 + 2 + 3 + 4 = 10$ [43] ; et, en fait, les six lettres supplémentaires ne sont que des modifications d'autant de lettres primitives, dont elles sont formées par la simple adjonction d'un point, et auxquelles elles se ramènent immédiatement par la suppression de ce même point. Ces six lettres supplémentaires sont celles qui composent les deux derniers des huit groupes dont nous venons de parler ; il est évident que, si on ne les considérait pas comme des lettres distinctes, ces groupes se trouveraient modifiés, soit quant à leur nombre, soit quant à leur composition. Par conséquent, le passage de l'alphabet de 22 lettres à l'alphabet de 28 a dû nécessairement amener un changement dans les noms angéliques dont il s'agit,

---

[43] Voir La Tétraktys et le carré de quatre (numéro d'avril 1927).

donc dans les « entités » que ces noms désignent ; mais, si étrange que cela puisse sembler à certains, il est en réalité normal qu'il en soit ainsi, car toutes les modifications des formes traditionnelles, et en particulier celles qui affectent la constitution de leurs langues sacrées, doivent avoir effectivement leurs « archétypes » dans le monde céleste.

Cela dit, la distribution des lettres et des noms est la suivante :

Aux quatre points cardinaux :

> À l'Est : A B J a D [44] ;
> À l'Ouest : Ha Wa Z ;
> Au Nord : *H* a *T* a Y ;
> Au Sud : K a L M a N.

Aux quatre points intermédiaires :

> Au Nord-Est : S a A F a Ç ;
> Au Nord-Ouest : Q a R S h a T ;
> Au Sud-Est : T h a K h a D h ;
> Au Sud-Ouest : D a Z a G h.

---

[44] Il est bien entendu que l'*alif* et le *ba* prennent place ici, comme toutes les autres lettres de l'alphabet, à leur rang numérique : cela ne fait en rien intervenir les considérations symboliques que nous exposons d'autre part et qui leur donnent en outre un autre rôle plus spécial.

On remarquera que chacun de ces deux ensembles de quatre noms contient exactement la moitié de l'alphabet, soit 14 lettres qui sont réparties respectivement de la façon suivante :

Dans la première moitié :

$$4 + 3 + 3 + 4 = 14 ;$$

Dans la seconde moitié :

$$4 + 4 + 3 + 3 = 14.$$

Les valeurs numériques des huit noms, formées de la somme de celles de leurs lettres, sont, en les prenant naturellement dans le même ordre que ci-dessous :

$$1 + 2 + 3 + 4 = 10 ;$$
$$5 + 6 + 7 = 18 ;$$
$$8 + 9 + 10 = 27 ;$$
$$20 + 30 + 40 + 50 = 140 ;$$
$$60+70+80+90 = 300 ;$$
$$100 + 200 + 300 + 400 = 1000 ;$$
$$500 + 600 + 700 = 1800 ;$$
$$800 + 900 + 1\,000 = 2700,$$

Les valeurs des trois derniers noms sont égales à celles des trois premiers multipliées par 100, ce qui est d'ailleurs évident, si l'on remarque que les trois premiers contiennent les nombres de 1 à 10 et les trois derniers les centaines de 100 à 1000 ; les uns et les autres y étant également répartis en 4 + 3 + 3.

La valeur de la première moitié de l'alphabet est la somme de celles des quatre premiers noms :

$$10 + 18 + 27 + 140 = 195.$$

De même, celle de la seconde moitié est la somme de celles des quatre premiers noms :

$$300 + 1\,000 + 1\,800 + 2\,700 = 5\,800.$$

Enfin, la valeur totale de l'alphabet entier est :

$$195 + 5\,800 = 5\,995.$$

Ce nombre 5 995 est remarquable par sa symétrie : sa partie centrale est 99, nombre des noms « attributifs » d'*Allah* ; ses chiffres extrêmes forment 55, somme des dix premiers nombres, où le dénaire se retrouve d'ailleurs divisé en ses deux moitiés (5 + 5 = 10) ; de plus, 5 + 5 = 10 et 9 + 9 = 18 sont les valeurs numériques des deux premiers noms.

On peut mieux se rendre compte de la façon dont le nombre 5 995 est obtenu en partageant l'alphabet suivant une autre division, en trois séries de neuf lettres plus une lettre isolée : la somme des neuf premiers nombres est 45, valeur numérique du nom d'*Adam* (1 + 4 + 40 = 45, c'est-à-dire, au point de vue de la hiérarchie ésotérique, *El-Qutb El-Ghawth* au centre, les quatre *Awtâd* aux quatre points cardinaux, et les quarante *Anjâb* sur la circonférence) ; celle des dizaines, de 10 à 90, est 45 x 10, et celle des centaines, de 100 à 900, 45 x 100 ; l'ensemble des sommes de ces trois séries novénaires est donc le produit de 45 par 111, le nombre « polaire » qui est celui de l'*Alif* « développé » : 45 x 111 = 4 995 ; il faut y ajouter le nombre de la dernière lettre, 1 000, unité du quatrième degré qui termine l'alphabet comme l'unité du premier degré le commence, et ainsi on a finalement 5 995.

Enfin, la somme des chiffres de ce nombre est 5 + 9 + 9 + 5 = 28, c'est-à-dire le nombre même des lettres de l'alphabet dont il représente la valeur totale.

On pourrait assurément développer encore beaucoup d'autres considérations en partant de ces données, mais ces quelques indications suffiront pour qu'on puisse tout au moins avoir un aperçu de certains procédés de la science des lettres et des nombres dans la tradition islamique.

Chapitre VII

LA CHIROLOGIE DANS L'ÉSOTÉRISME ISLAMIQUE *

Nous avons eu souvent l'occasion de faire remarquer combien la conception des « sciences traditionnelles » est, dans les temps modernes, devenue étrangère aux Occidentaux, et combien il leur est difficile d'en comprendre la véritable nature. Récemment encore, nous avions un exemple de cette incompréhension dans une étude consacrée à Mohyiddin ibn Arabi, et dont l'auteur s'étonnait de trouver chez celui-ci, à côté de la doctrine purement spirituelle, de nombreuses considérations sur l'astrologie, sur la science des lettres et des nombres, sur la géométrie symbolique, et sur beaucoup d'autres choses du même ordre, qu'il semblait regarder comme n'ayant aucun lien avec cette doctrine. Il y avait d'ailleurs là une double méprise, car la partie proprement spirituelle de l'enseignement de Mohyiddin était elle-même présentée comme « mystique », alors qu'elle est essentiellement métaphysique et initiatique ; et, s'il s'agissait de « mystique », cela ne pourrait effectivement avoir aucun rapport avec des sciences quelles qu'elles soient. Au contraire, dès lors qu'il s'agit de doctrine métaphysique, ces sciences traditionnelles dont le même auteur méconnaissait d'ailleurs totalement la valeur, suivant l'ordinaire préjugé moderne, en découlent normalement en tant qu'applications, comme les conséquences découlent du principe, et, à ce titre, bien loin de représenter des éléments en quelque sorte adventices et hétérogènes, elles font partie intégrante d'*et-taçawwuf*, c'est-à-dire de l'ensemble des connaissances initiatiques.

De ces sciences traditionnelles, la plupart sont aujourd'hui complètement perdues pour les Occidentaux, et ils ne connaissent des autres que des débris plus ou moins informes, souvent dégénérés au point d'avoir pris le caractère de recettes empiriques ou de simples « arts divinatoires », évidemment dépourvus de toute valeur doctrinale. Pour faire comprendre par un exemple combien une telle façon de les envisager est loin de la réalité, nous donnerons ici quelques indications sur ce qu'est, dans l'ésotérisme islamique, la chirologie (*ilm el-kaff*), qui ne constitue d'ailleurs qu'une des nombreuses branches de ce que nous pouvons appeler, faute d'un meilleur terme, la « physiognomonie », bien que ce mot ne rende pas exactement toute l'étendue du terme arabe qui désigne cet ensemble de connaissances (*ilm el-firâsah*).

La chirologie, si étrange que cela puisse sembler à ceux qui n'ont aucune notion de ces choses, se rattache directement, sous sa forme islamique, à la science des noms divins : la disposition des lignes principales trace dans la main gauche le nombre 81 et dans la main droite le nombre 18, soit au total 99, le nombre des noms attributifs (*çifûtiyah*). Quant au nom d'*Allah* lui-même, il est formé par les doigts, de la façon suivante : l'auriculaire correspond à l'*alif*, l'annulaire au premier *lam*, le médius et l'index au second *lam*, qui est double, et le pouce au *he* (qui, régulièrement, doit être tracé sous sa forme « ouverte ») ; et c'est là la raison principale de l'usage de la main comme symbole, si répandu dans tous les pays islamique (une raison secondaire se référant au nombre 5, d'où le noms de *khoms* donné parfois à cette main symbolique). On peut comprendre par là la signification de cette parole du *Sifr Seyidna Ayûb* (Livre de Job, XXXVII,

7) : « Il a mis un sceau (*khâtim*) dans la main de tout homme, afin que tous puissent connaître Son œuvre » ; et nous ajouterons que ceci n'est pas sans rapport avec le rôle essentiel de la main dans les rites de bénédiction et de consécration.

D'autre part, on connaît généralement la correspondance des diverses parties de la main avec les planètes (*kawâkib*), que la chiromancie occidentale elle-même a conservée, mais de telle façon qu'elle ne peut plus guère y voir autre chose que des sortes de désignations conventionnelles, tandis que, en réalité, cette correspondance établit un lien effectif entre la chirologie et l'astrologie. De plus, à chacun des sept cieux planétaires préside une des principaux prophètes, qui en est le « Pôle » (*El-Qutb*) ; et les qualités et les sciences qui sont rapportées plus spécialement à chacun de ces prophètes sont en relation avec l'influence astrale correspondante. La liste des sept *Aqtâb* célestes est la suivante :

> Ciel de la Lune (*El-Qamar*) : Seyidna Adam.
> Ciel de Mercure (*El-Utârid*) : Seyidna Aïssa.
> Ciel de Vénus (*Ez-Zohrah*) : Seyidna Yûsif.

Ciel du Soleil (*Es-Shams*) : Seyidna Idris.

Ciel de Mars (*El-Mirrîkh*) : Seyidna Dâwud.

Ciel de Jupiter (*El-Barjîs*) : Seyidna Mûsa.

Ciel de Saturne (*El-Kaywân*) : Seyidna Ibrahîm.

À Seyidna Adam se rapporte la culture de la terre (Cf. *Genèse*, II, 15 : « Dieu prit l'homme et le plaça dans le jardin d'Eden pour le cultiver et le garder ») ; à Seyidna Aïssa, les connaissances d'ordre purement spirituel ; à Seyidna Yûsif, la beauté et les arts ; à Seyidna Idris, les sciences « intermédiaires », c'est-à-dire celles de l'ordre cosmologique et psychique ; à Seyidna Dâwud, le gouvernement ; à Seyidna Mûsa, auquel est inséparablement associé son frère Seyidna Harûn, les choses de la religion sous le double aspect de la législation et du culte ; à Seyidna Ibrahîm, la foi (pour laquelle cette correspondance avec le septième ciel doit être rapprochée de ce que nous rappelions récemment à propos de Dante, quant à sa situation au plus haut des sept échelons de l'échelle initiatique).

En outre, autour des prophètes principaux se répartissent, dans les sept cieux planétaires, les autres prophètes connus (c'est-à-dire ceux qui sont nommément désignés dans le *Qorân*, au nombre de 25) et inconnus (c'est-à-dire tous les autres, le nombre des prophètes étant de 124 000 d'après la tradition).

Les 99 noms qui expriment les attributs divins sont également répartis suivant ce septénaire : 15 pour le ciel du Soleil, en raison de sa position centrale, et 14 pour chacun des six autres cieux (15 + 6 x 14 = 99). L'examen des signes qui se trouvent sur la partie de la main correspondant à chacune des planètes indique dans quelle proportion $\left(\dfrac{s}{14} \, ou \, \dfrac{s}{15}\right)$ le sujet possède les qualités qui s'y rapportent ; cette proportion correspond elle-même à un même nombre (s) de noms divins parmi ceux qui appartiennent au ciel planétaire considéré ; et ces noms peuvent être déterminés ensuite, au moyen d'un calcul d'ailleurs très long et très compliqué.

Ajoutons que dans la région du poignet, au-delà de la main proprement dite, se localise la correspondance des deux cieux supérieurs, ciel des étoiles fixes et ciel empyrée, qui, avec les sept cieux planétaires, complètent le nombre 9.

De plus, dans les différentes parties de la main se situent les douze signes zodiacaux (*burûj*), en rapport avec les planètes dont ils sont les domiciles respectifs (un pour le Soleil et la Lune, deux pour chacune des cinq autres planètes), et aussi les seize figures de la géomancie (*ilm er-raml*), car toutes les sciences traditionnelles sont étroitement liées entre elles.

L'examen de la main gauche indique la « nature » (*et-tabiyah*) du sujet, c'est-à-dire l'ensemble des tendances, dispositions ou aptitudes qui constituent en quelque sorte ses caractères innés. Celui de la main droite fait connaître les caractères acquis (*el-istiksâb*) ; ceux-ci se modifient d'ailleurs continuellement, de telle sorte que, pour une étude suivie, cet examen doit être renouvelé tous les quatre mois. Cette période de quatre mois constitue, en effet, un cycle complet, en ce sens qu'elle amène le retour à un signe zodiacal correspondant au même élément que celui du point de départ ; on sait que cette correspondance avec les éléments se fait dans l'ordre de succession suivant : feu (*nâr*), terre (*turâb*), air (*hawâ*), eau (*mâ*). C'est donc une erreur de penser, comme l'ont fait certains, que la période en question ne devrait être que de trois mois, car la période de trois mois correspond seulement à une saison, c'est-à-dire à une partie du cycle annuel, et n'est pas en elle-même un cycle complet.

Ces quelques indications, si sommaires qu'elles soient, montreront comment une science traditionnelle régulièrement constituée se rattache aux principes d'ordre doctrinal et en dépend entièrement ; et elles feront en même temps comprendre ce que nous avons déjà dit souvent, qu'une telle science est strictement liée à une forme traditionnelle définie, de telle sorte qu'elle serait tout à fait inutilisable en dehors de la civilisation pour laquelle elle a été constituée selon cette forme. Ici, par exemple, les considérations qui se réfèrent aux noms divins et aux prophètes, et qui sont précisément celles sur lesquelles tout le reste se base, seraient inapplicables en dehors du monde islamique, de même que, pour prendre un autre exemple, le calcul onomantique, employé soit isolément, soit comme élément de l'établissement de l'horoscope dans certaines méthodes astrologiques, ne saurait être valable que pour les noms arabes, dont les lettres possèdent des valeurs numériques déterminées. Il y a toujours, dans cet ordre des applications contingentes, une question d'adaptation qui rend impossible le transport de ces sciences telles quelles d'une forme traditionnelle à une autre ; et là est aussi, sans doute, une des principales raisons de la difficulté qu'ont à les comprendre ceux qui, comme les Occidentaux modernes, n'en ont pas l'équivalent dans leur propre civilisation [45].

Mesr, 18 dhûl-qadah 1350 H. (Mûlid Seyid Ali El-Bayûmi).

---

[45] Les données qui ont servi de base à ces notes sont tirées des traités inédits du Sheikh Seyid Ali Nûreddin El-Bayûmi, fondateur de la tarîqah qui porte son nom (bayûmiyah) ; ces manuscrits sont encore actuellement en la possession de ses descendants directs.

Chapitre VIII

INFLUENCE DE LA CIVILISATION
ISLAMIQUE EN OCCIDENT [*]

La plupart des Européens n'ont pas exactement évalué l'importance de l'apport qu'ils ont reçu de la civilisation islamique, ni compris la nature de leurs emprunts à cette civilisation dans le passé et certains vont jusqu'à totalement méconnaître tout ce qui s'y rapporte. Cela vient de ce que l'histoire telle qu'elle leur est enseignée travestit les faits et paraît avoir été altérée volontairement sur beaucoup de points. C'est avec outrance que cet enseignement affiche le peu de considération que lui inspire la civilisation islamique, et il a l'habitude d'en rabaisser le mérite chaque fois que l'occasion s'en présente. Il importe de remarquer que l'enseignement historique dans les Universités d'Europe ne montre pas l'influence

---

[*] *Études traditionnelles*, XII – 1950, p. 337-344. Article traduit de l'arabe, paru dans la revue *El Marifah*.

dont il s'agit. Au contraire, les vérités qui devraient être dites à ce sujet, qu'il s'agisse de professer ou d'écrire, sont systématiquement écartées, surtout pour les événements les plus importants.

Par exemple, s'il est généralement connu que l'Espagne est restée sous la loi islamique pendant plusieurs siècles, on ne dit jamais qu'il en fut de même d'autres pays, tels que la Sicile et la partie méridionale de la France actuelle. Certains veulent attribuer ce silence des historiens à quelques préjugés religieux. Mais que dire des historiens actuels dont la plupart sont sans religion, sinon adversaires de toute religion, quand ils viennent confirmer ce que leurs devanciers ont dit de contraire à la vérité ?

Il faut donc voir là une conséquence de l'orgueil et de la présomption des Occidentaux, travers qui les empêchent de reconnaître la vérité et l'importance de leurs dettes envers l'Orient.

Le plus étrange en cette occurrence c'est de voir les Européens se considérer comme les héritiers directs de la civilisation hellénistique, alors que la vérité des faits infirme cette prétention. La réalité tirée de l'histoire même établit péremptoirement que la science et la philosophie grecques ont été transmises aux Européens par des intermédiaires musulmans. En d'autres termes, le patrimoine intellectuel des Hellènes n'est parvenu à l'Occident qu'après avoir été sérieusement étudié par le Proche-Orient et n'étaient les savants de l'Islam et ses philosophes, les Européens seraient restés dans l'ignorance totale de ces connaissances pendant fort longtemps, si tant est qu'ils soient jamais parvenus à les connaître.

Il convient de faire remarquer que nous parlons ici de l'influence de la civilisation islamique et non spécialement arabe comme on le dit quelquefois à tort. Car la plupart de ceux qui ont exercé cette influence en Occident n'étaient pas de race arabe et si leur langue était l'arabe, c'était seulement une conséquence de leur adoption de la religion islamique.

Puisque nous sommes amenés à parler de la langue arabe nous pouvons voir une preuve certaine de l'extension de cette même influence en Occident dans l'existence de termes d'origine et de racine arabes beaucoup plus nombreux qu'on ne le croit généralement, incorporés dans presque toutes les langues européennes et dont l'emploi s'est continué jusqu'à nous, encore que beaucoup parmi les Européens qui s'en servent ignorent totalement leur véritable origine. Comme les mots ne sont autre chose que le véhicule des idées et le moyen d'extériorisation de la pensée, on conçoit qu'il soit extrêmement facile de déduire de ces faits la transmission des idées et des conceptions islamiques elles-mêmes.

En fait, l'influence de la civilisation islamique s'est étendue dans une très large mesure et d'une manière sensible à tous les domaines, science, arts, philosophie, etc. L'Espagne était alors un milieu très important à cet égard et le principal centre de diffusion de cette civilisation. Notre intention n'est pas de traiter en détail chacun des aspects ni de définir l'aire d'extension de la civilisation islamique, mais seulement d'indiquer certains faits que nous considérons comme particulièrement importants, bien que peu nombreux soient à notre époque ceux qui reconnaissent cette importance.

En ce qui concerne les sciences, nous pouvons faire une distinction entre les sciences naturelles et les sciences mathématiques. Pour les premières, nous savons avec certitude que certaines d'entre elles ont été transmises par la civilisation islamique à l'Europe qui les lui emprunta d'une façon complète. La chimie, par exemple, a toujours gardé son nom arabe, nom dont l'origine remonte d'ailleurs à l'Égypte ancienne, et cela bien que le sens premier et profond de cette science soit devenu tout à fait inconnu des modernes et comme perdu pour eux.

Pour prendre un autre exemple, celui de l'astronomie, les mots techniques qui y sont employés dans toutes les langues européennes sont encore pour la plupart d'origine arabe, et les noms de beaucoup des corps célestes n'ont pas cessé d'être les noms arabes employés tels quels par les astronomes de tous les pays. Ceci est dû au fait que les travaux des astronomes grecs de l'antiquité, tels que Ptolémée d'Alexandrie, avaient été connus par des traductions arabes en même temps que ceux de leurs continuateurs musulmans. Il serait d'ailleurs facile de montrer en général que la plupart des connaissances géographiques concernant les contrées les plus éloignées d'Asie ou d'Afrique ont été acquises pendant longtemps par des explorateurs arabes qui ont visité de très nombreuses régions et on pourrait citer beaucoup d'autres faits de ce genre.

Pour ce qui a trait aux inventions qui ne sont que des applications des sciences naturelles, elles ont également suivi la même voie de transmission, c'est-à-dire l'entremise musulmane, et l'histoire de l'« horloge à eau » offerte par le Khalife Haroun-el-

Rachid à l'empereur Charlemagne, n'a pas encore disparu des mémoires.

En ce qui concerne les sciences mathématiques, il convient de leur accorder une attention particulière sous ce rapport. Dans ce vaste domaine, ce n'est pas seulement la science grecque qui a été transmise à l'Occident par l'intermédiaire de la civilisation islamique, mais aussi la science hindoue. Les Grecs avaient aussi développé la géométrie, et même la science des nombres, pour eux, était toujours rattachée à la considération de figures géométriques correspondantes. Cette prédominance donnée à la géométrie apparaît clairement, par exemple dans Platon. Il existe cependant une autre partie des mathématiques appartenant à la science des nombres qui n'est pas connue, comme les autres sous une dénomination grecque dans les langues européennes, pour la raison que les anciens grecs l'ont ignorés. Cette science est l'algèbre, dont la source première a été l'Inde et dont l'appellation arabe montre assez comment elle a été transmise à l'Occident.

Un autre fait qu'il est bon de signaler ici malgré sa moindre importance, vient encore corroborer ce que nous avons dit, c'est que les chiffres employés par les Européens sont partout connus comme des chiffres arabes, quoique leur origine première soit en réalité hindoue, car les signes de numération employés originairement par les Arabes n'étaient autres que les lettres de l'alphabet elles-mêmes.

Si maintenant nous quittons l'examen des sciences pour celui des arts, nous remarquons que, en ce qui concerne la littérature et la poésie, bien des idées provenant des écrivains et des poètes musulmans, ont été utilisées dans la littérature européenne et que même certains écrivains occidentaux sont allés jusqu'à l'imitation pure et simple de leurs œuvres. De même, on peut relever des traces de l'influence islamique en architecture, et cela d'une façon toute particulière au Moyen Âge ; ainsi, la croisée d'ogive dont le caractère s'est affirmée à ce point qu'elle a donné son nom à un style architectural, a incontestablement son origine dans l'architecture islamique, bien que de nombreuses théories fantaisistes aient été inventées pour dissimuler cette vérité. Ces théories sont contredites par l'existence d'une tradition chez les constructeurs eux-mêmes affirmant constamment la transmission de leurs connaissances à partir du Proche-Orient.

Ces connaissances revêtaient un caractère secret et donnaient à leur art un sens symbolique ; elles avaient des relations très étroites avec la science des nombres et leur origine première a toujours été rapportée à ceux qui bâtirent le Temple de Salomon.

Quoi qu'il en soit de l'origine lointaine de cette science, il n'est pas possible qu'elle ait été transmise à l'Europe du Moyen Âge par un intermédiaire autre que celui du monde musulman. Il convient de dire à cet égard que ces constructeurs constitués en corporations qui possédaient des rites spéciaux, se considéraient et se désignaient comme *étrangers* en Occident, fût-ce dans leur pays natal, et que cette dénomination a subsisté jusqu'à nos jours, bien que ces choses soient devenues obscures et ne soient plus connues que par un nombre infime de gens.

Dans ce rapide exposé, il faut mentionner spécialement un autre domaine, celui de la philosophie, où l'influence islamique atteignit au Moyen Âge une importance si considérable qu'aucun des plus acharnés adversaires de l'Orient ne saurait en méconnaître la force. On peut dire véritablement que l'Europe, à ce moment, ne disposait d'aucun autre moyen pour arriver à la connaissance de la philosophie grecque. Les traductions latines de Platon et d'Aristote, qui étaient utilisées alors, n'avaient pas été faites directement sur les originaux grecs, mais bien sur des traductions arabes antérieures, auxquelles étaient joints des commentaires des philosophes musulmans contemporains, tels qu'Averroès, Avicenne, etc.

La philosophie d'alors, connue sous le nom de scolastique, est généralement distinguée en musulmane, juive et chrétienne. Mais c'est la musulmane qui est à la source des deux autres et plus particulièrement de la philosophie juive, qui a fleuri en Espagne et dont le véhicule était la langue arabe, comme on peut le constater par des œuvres aussi importante que celles de Moussa-ibn-Maimoun qui a inspiré la philosophie juive postérieure de plusieurs siècles jusqu'à celle de Spinoza, où certaines de ses idées sont encore très reconnaissables.

Mais il n'est pas nécessaire de continuer l'énumération de faits que tous ceux qui ont quelque notion de l'histoire de la pensée connaissent. Il est préférable d'étudier pour terminer d'autres faits d'un ordre tout différent, totalement ignorés de la plupart des modernes qui, particulièrement en Europe, n'en ont pas même la plus légère idée ; alors qu'à notre point de vue ces choses présentent un intérêt beaucoup plus considérable que toutes les connaissances extérieures de la science et de la philosophie. Nous voulons parler de l'ésotérisme avec tout ce qui s'y rattache et en découle en fait de connaissance dérivée, constituant des sciences totalement différentes de celles qui sont connues des modernes.

En réalité, l'Europe n'a de nos jours rien qui puisse rappeler ces sciences, bien plus, l'Occident ignore tout des connaissances véritables telles que l'ésotérisme et ses analogues, alors qu'au Moyen Âge il en était tout autrement ; et, en ce domaine aussi, l'influence islamique à cette époque apparaît de la façon la plus lumineuse et la plus évidente. Il est d'ailleurs très facile d'en relever les traces dans des œuvres aux sens multiples et dont le but réel était tout autre que littéraire.

Certains Européens ont eux-mêmes commencé à découvrir quelque chose de ce genre notamment par l'étude qu'ils ont faites des poèmes de Dante, mais sans arriver toutefois à la compréhension parfaite de leur véritable nature. Il y a quelques années, un orientaliste espagnol, Don Miguel Asin Palacios, a écrit un ouvrage sur les influences musulmanes dans l'œuvre de Dante et a démontré que bien des symboles et des expressions employées par le poète, l'avaient été avant lui par des ésotéristes musulmans et en particulier par Sidi Mohyiddin-ibn-Arabi. Malheureusement, les remarques de cet érudit n'ont pas montré l'importance des symboles mis en œuvre. Un écrivain italien, mort récemment, Luigi Valli, a étudié un peu plus profondément l'œuvre de Dante et a conclu qu'il n'a pas été seul à employer les procédés symboliques utilisés dans la poésie ésotérique persane et arabe ; au pays de Dante et parmi ses contemporains, tous ces poètes étaient membres d'une organisation à caractère secret appelée « Fidèles d'Amour » dont Dante lui-même était l'un des chefs. Mais lorsque Luigi Valli a essayé de pénétrer le sens de leur « langage secret », il lui a été impossible à lui aussi de reconnaître le véritable caractère de cette organisation ou des autres de même nature constituées en Europe au Moyen Âge [46]. La vérité est que certaines personnalités inconnues se trouvaient derrière ces associations et les inspiraient ; elles étaient connues sous différents noms, dont le plus important était celui de « Frères de la Rose-Croix ». Ceux-ci ne possédaient point d'ailleurs de règles écrites et ne constituaient point

---

[46] René Guénon. *L'Ésotérisme de Dante*, Paris, 1950 (3ᵉ édition), in-8° de 80 pages. Chacornac frères éditeurs.

une société, ils n'avaient point non plus de réunions déterminées, et tout ce qu'on peut en dire est qu'ils avaient atteint un certain état spirituel qui nous autorise à les appeler « soufis » européens, ou tout au moins *muta-çawwufîn* parvenus à un haut degré dans cette hiérarchie. On dit aussi que ces « Frères de la Rose-Croix » qui se servaient comme « couverture » de ces corporations de constructeurs dont nous avons parlé, enseignaient l'alchimie et d'autres sciences identiques à celles qui étaient alors en pleine floraison dans le monde de l'Islam. À la vérité, ils formaient un anneau de la chaîne qui reliait l'Orient à l'Occident et établissaient un contact permanent avec les soufis musulmans, contact symbolisé par les voyages attribués à leur fondateur légendaire.

Mais tous ces faits ne sont pas venus à la connaissance de l'histoire ordinaire qui ne pousse pas ses investigations plus loin que l'apparence des faits, alors que c'est là, peut-on dire, que se trouve la véritable clé qui permettrait la solution de tant d'énigmes qui autrement resteraient toujours obscures et indéchiffrables.

Chapitre IX

CRÉATION ET MANIFESTATION [*]

Nous avons fait remarquer, en différentes occasions que l'idée de « création », si on veut l'entendre dans son sens propre et exact, et sans lui donner une extension plus ou moins abusive, ne se rencontre en réalité que dans des traditions appartenant à une ligne unique, celle qui est constituée par la Judaïsme, le Christianisme et l'Islamisme ; cette ligne étant celle des formes traditionnelles qui peuvent être dites spécifiquement religieuses, on doit conclure de là qu'il existe un lien direct entre cette idée et le point de vue religieux lui-même. Partout ailleurs, le mot de « création », si on tient à l'employer dans certains cas, ne pourra que rendre très inexactement une idée différente, pour laquelle il serait bien préférable de trouver une autre expression ; du reste, cet emploi n'est le plus

---

[*] *Études traditionnelles*, X- 1937, p. 325-333.

souvent, en fait, que le résultat d'une de ces confusions ou de ces fausses assimilations comme il s'en produit tant en Occident pour tout ce qui concerne les doctrines orientales. Cependant, il ne suffit pas d'éviter cette confusion, et il faut se garder tout aussi soigneusement d'une autre erreur contraire, celle qui consiste à vouloir voir une contradiction ou une opposition quelconque entre l'idée de création et cette autre idée à laquelle nous venons de faire allusion, et pour laquelle le terme le plus juste que nous ayons à notre disposition est celui de « manifestation » ; c'est sur ce dernier point que nous nous proposons d'insister présentement.

Certains, en effet, reconnaissent que l'idée de création ne se trouve pas dans les doctrines orientales (à l'exception de l'Islamisme qui, bien entendu, ne peut être mis en cause sous ce rapport), prétendent aussitôt, et sans essayer d'aller plus au fond des choses, que l'absence de cette idée est la marque de quelque chose d'incomplet ou de défectueux, pour en conclure que les doctrines dont il s'agit ne sauraient être considérées comme une expression adéquate de la vérité. S'il en est ainsi du côté religieux, où s'affirme trop souvent un fâcheux « exclusivisme », il faut dire qu'il en est aussi qui, du côté antireligieux, veulent, de la même constatation, tirer des conséquences toutes contraires : ceux-là, attaquant naturellement l'idée de création comme toutes les autres idées d'ordre religieux, affectent de voir dans son absence même une sorte de supériorité ; ils ne le font d'ailleurs évidemment que par esprit de négation et d'opposition, et non point pour prendre réellement la défense des doctrines orientales dont ils ne se soucient guère. Quoi qu'il en soit, ces reproches et ces éloges ne valent pas mieux et ne sont pas plus acceptables les uns que les autres, puisqu'ils procèdent en somme d'une même erreur, exploitée seulement suivant des intentions contraires, conformément aux tendances respectives de ceux qui la commettent ; la vérité est que les uns et les autres portent entièrement à faux, et qu'il y a dans les deux cas une incompréhension à peu près égale.

La raison de cette commune erreur ne semble d'ailleurs pas très difficile à découvrir : ceux dont l'horizon intellectuel ne va pas au-delà des conceptions philosophiques occidentales s'imaginent d'ordinaire que, là où il n'est pas question de création, et où il est cependant manifeste, d'autre part, qu'on n'a pas affaire à des théories matérialistes, il ne peut y avoir que du « panthéisme ». Or on sait combien ce mot, à notre époque, est souvent employé à tort et à travers : il représente pour les uns un véritable épouvantail, à tel point qu'ils se croient dispensés d'examiner sérieusement ce à quoi ils se sont hâtés de l'appliquer (l'usage si courant de l'expression « tomber dans le panthéisme » est bien caractéristique à cet égard), tandis que, probablement à cause de cela même plus que pour tout autre motif, les autres le revendiquent volontiers et sont tout disposés à s'en faire comme une sorte de drapeau. Il est donc assez clair que ce que nous venons de dire se rattache étroitement, dans la pensée des uns et des autres, à l'imputation de « panthéisme » adressée communément aux mêmes doctrines orientales, et dont nous avons assez souvent montré l'entière fausseté, voire même l'absurdité (puisque le panthéisme est en réalité une théorie essentiellement antimétaphysique), pour qu'il soit inutile d'y revenir encore une fois de plus.

Puisque nous avons été amené à parler du panthéisme, nous en profiterons pour faire tout de suite une observation qui a ici une certaine importance, à propos d'un mot qu'on a précisément l'habitude d'associer aux conceptions panthéistes : ce mot est celui d'« émanation », que certains, toujours pour les mêmes raisons et par suite des mêmes confusions, veulent employer pour désigner la manifestation quand elle n'est pas présentée sous l'aspect de création. Or, pour autant du moins qu'il s'agit de doctrines traditionnelles et orthodoxes, ce mot doit être absolument écarté, non pas seulement à cause de cette association fâcheuse (que celle-ci soit d'ailleurs plus ou moins justifiée au fond, ce qui actuellement ne nous intéresse pas), mais surtout parce que, en lui-même et par sa signification étymologique, il n'exprime véritablement rien d'autre qu'une impossibilité pure et simple. En effet, l'idée d'« émanation » est proprement celle d'une « sortie » ; mais la manifestation ne doit en aucune façon être envisagée ainsi, car rien ne peut réellement sortir du Principe ; si quelque chose en sortait, le Principe, dès lors, ne pourrait plus être infini, et il se trouverait limité par le fait même de la manifestation ; la vérité est que, hors du Principe, il n'y a et il ne peut y avoir que le néant. Si même on voulait considérer l'« émanation », non par rapport au Principe suprême et infini, mais seulement par rapport à l'Être, principe immédiat de la manifestation, ce terme donnerait encore lieu à une objection qui, pour être autre que la précédente, n'est pas moins décisive : si les êtres sortaient de l'Être pour se manifester, on ne pourrait pas dire qu'ils sont réellement des êtres, ils seraient proprement dépourvus de toute existence, car l'existence, sous quelque mode que ce soit, ne peut être autre chose qu'une participation de l'Être ; cette conséquence, outre qu'elle est visiblement absurde en elle-même comme dans l'autre cas, est contradictoire avec l'idée même de la manifestation.

Ces remarques étant faites, nous dirons nettement que l'idée de la manifestation, telle que les doctrines orientales l'envisagent d'une façon purement métaphysique, ne s'oppose nullement à l'idée de création ; elles se réfèrent seulement à des niveaux et à des points de vue différents, de telle sorte qu'il suffit de savoir situer chacune d'elles à sa véritable place pour se rendre compte qu'il n'y a entre elles aucune incompatibilité. La différence, en cela comme sur bien d'autres points, n'est en somme que celle même du point de vue métaphysique et du point de vue religieux ; or, s'il est vrai que le premier est d'ordre plus élevé et plus profond que le second, il ne l'est pas moins qu'il ne saurait aucunement annuler ou contredire celui-ci, ce qui est d'ailleurs suffisamment prouvé par le fait que l'un et l'autre peuvent fort bien coexister à l'intérieur d'une même forme traditionnelle ; nous aurons d'ailleurs à revenir là-dessus par la suite. Au fond, il ne s'agit donc que d'une différence qui, pour être d'un degré plus accentué en raison de la distinction très nette des deux domaines correspondants, n'est pas plus extraordinaire ni plus embarrassante que celle des points de vue divers auxquels on peut légitimement se placer dans un même domaine, suivant qu'on le pénétrera plus ou moins profondément. Nous pensons ici à des points de vue tels que, par exemple, ceux de Shankarâchârya et de Râmânuja à l'égard du *Vêdânta* ; il est vrai que, là aussi, l'incompréhension a voulu trouver des contradictions, qui sont inexistantes en réalité ; mais cela même ne fait que rendre l'analogie plus exacte et plus complète.

Il convient d'ailleurs de préciser le sens même de l'idée de création, car il semble donner lieu parfois aussi à certains malentendus : si « créer » est synonyme de « faire de rien », suivant la définition unanimement admise, mais peut-être insuffisamment explicite, il faut assurément entendre par là, avant tout, de rien qui soit extérieur au Principe ; en d'autres termes, celui-ci, pour être « créateur », se suffit à lui-même, et n'a pas à recourir à une sorte de « substance » située hors de lui et ayant une existence plus ou moins indépendante, ce qui, à vrai dire, est du reste inconcevable. On voit immédiatement que la première raison d'être d'une telle formulation est d'affirmer expressément que le Principe n'est point un simple « Démiurge » (et ici il n'y a pas lieu de distinguer selon qu'il s'agit du Principe suprême ou de l'Être, car cela est également vrai dans les deux cas) ; ceci ne veut pas cependant pas dire nécessairement que toute conception « démiurgique » soit radicalement fausse ; mais, en tout cas, elle ne peut trouver place qu'à un niveau beaucoup plus bas et correspondant à un point de vue beaucoup plus restreint, qui, ne se situant qu'à quelque phase secondaire du processus cosmogonique, ne concerne plus le Principe en aucune façon. Maintenant, si l'on se borne à parler de « faire de rien » sans préciser davantage, comme on le fait d'ordinaire, il y a un autre danger à éviter : c'est de considérer ce « rien » comme une sorte de principe, négatif sans doute, mais dont serait pourtant tirée effectivement l'existence manifestée ; ce serait là revenir à une erreur à peu près semblable à celle contre laquelle on a justement voulu se prémunir en attribuant au « rien » même une certaine « substantialité » ; et, en un sens, cette erreur serait même encore plus grave que l'autre, car il s'y ajouterait une contradiction formelle, celle qui consiste à donner quelque réalité au « rien », c'est-à-dire en somme au néant. Si l'on prétendait, pour échapper à cette contradiction, que le « rien » dont il s'agit n'est pas le néant pur et simple, mais qu'il n'est tel que par rapport au Principe, on commettrait encore en cela une double erreur : d'une part, on supposerait cette fois quelque chose de bien réel en dehors du Principe, et alors il n'y aurait plus aucune différence véritable avec la conception « démiurgique » elle-même ; d'autre part, on méconnaîtrait que les êtres ne sont aucunement tirés de ce « rien » relatif par la manifestation, le fini ne cessant jamais d'être strictement nul vis-à-vis de l'Infini.

Dans ce qui vient d'être dit, et aussi dans tout ce qui pourrait être dit d'autre au sujet de l'idée de création, il manque, quant à la façon dont la manifestation est considérée, quelque chose qui est pourtant tout à fait essentiel : la notion même de la possibilité n'y apparaît pas ; mais, qu'on le remarque bien, ceci ne constitue nullement un grief, et une telle vue, pour être incomplète, n'en est pas moins légitime, car la vérité est que cette notion de la possibilité n'a à intervenir que lorsqu'on se place au point de vue métaphysique, et, nous l'avons déjà dit, ce n'est pas à ce point de vue que la manifestation est envisagée comme création. Métaphysiquement, la manifestation présuppose nécessairement certaines possibilités capables de se manifester ; mais, si elle procède ainsi de la possibilité, on ne peut dire qu'elle vient de « rien », car il est évident que la possibilité n'est pas « rien » ; et, objectera-t-on peut-être, cela n'est-il pas précisément contraire à l'idée de création ? La création est bien facile : toutes les possibilités sont comprises dans la Possibilité totale, qui ne fait qu'un avec le Principe même ; c'est donc dans celui-ci, en définitive, qu'elles sont réellement contenues à l'état permanent et de toute éternité ; et d'ailleurs, s'il en était autrement, c'est alors qu'elles ne seraient véritablement « rien », et il ne pourrait même plus être question de possibilités. Donc, si la manifestation procède de ces possibilités ou de certaines d'entre elles (nous rappellerons ici que, outre les possibilités de manifestation, il y a également à envisager les possibilités de non-manifestation, du moins dans le Principe suprême, mais non plus quand on se limite à l'Être), elle ne vient de rien qui soit extérieur au Principe : et c'est là justement le sens que nous avons reconnu à l'idée de création correctement entendue, de sorte que, au fond, les deux points de vue sont non seulement conciliables, mais même en parfait accord entre eux. Seulement, la différence consiste en ce que le point de vue auquel se rapporte l'idée de création n'envisage rien au-delà de la manifestation, ou du moins n'envisage que le Principe sans approfondir davantage, parce qu'il n'est encore qu'un point de vue relatif, tandis qu'au contraire, au point de vue métaphysique, c'est ce qui est dans le Principe, c'est-à-dire la possibilité, qui est en réalité l'essentiel et qui importe beaucoup plus que la manifestation en elle-même.

On pourrait dire, somme toute, que ce sont là deux expressions différentes d'une même vérité, à la condition d'ajouter, bien entendu, que ces expressions correspondent à deux aspects ou à deux points de vue qui eux-mêmes sont réellement différents ; mais alors on peut se demander si celle de ces deux expressions qui est la plus complète et la plus profonde ne serait pas pleinement suffisante, et quelle est la raison d'être de l'autre. C'est, tout d'abord et d'une façon générale, la raison d'être même de tout point de vue exotérique, en tant que formulations des vérités traditionnelles bornée à ce qui est à la fois indispensable et accessible à tous les hommes sans distinction. D'autre part, en ce qui concerne le cas spécial dont il s'agit, il peut y avoir des motifs d'« opportunité », en quelque sorte, particuliers à certaines formes traditionnelles, en raison des circonstances contingentes auxquelles elles doivent être adaptées, et requérant une mise en garde expresse contre une conception de l'origine de la manifestation en mode « démiurgique », alors qu'une semblable précaution serait tout à fait inutile ailleurs. Cependant, quand on observe que l'idée de création est strictement solidaire du point de vue proprement religieux, on peut être amené par là à penser qu'il doit y avoir autre chose encore ; c'est ce qu'il nous reste à examiner maintenant, même s'il ne nous est pas possible d'entrer dans tous les développements auxquels ce côté de la question pourrait donner lieu.

Qu'il s'agisse de la manifestation considérée métaphysiquement ou de la création, la dépendance complète des êtres manifestés, en tout ce qu'ils sont réellement, à l'égard du Principe, est affirmée tout aussi nettement et expressément dans un cas que dans l'autre ; c'est seulement dans la façon plus précise dont cette dépendance est envisagée de part et d'autre qu'apparaît une différence caractéristique, qui correspond très exactement à celle des deux points de vue. Au point de vue métaphysique, cette dépendance est en même temps une « participation » : dans toute la mesure de ce qu'ils ont de réalité en eux, les êtres participent du Principe, puisque toute réalité est en celui-ci ; il n'en est d'ailleurs pas moins vrai que ces êtres, en tant que contingents et limités, ainsi que la manifestation tout entière dont ils font partie, sont nuls par rapport au Principe, comme nous le disions plus haut ; mais il y a dans cette participation comme un lien avec celui-ci, donc un lien entre le manifesté et le non-manifesté, qui permet aux êtres de dépasser la condition relative inhérente à la manifestation. Le point de vue religieux, par contre, insiste plutôt sur la nullité propre des êtres manifestés, parce que, par sa nature même, il n'a pas à les conduire au delà de cette condition ; et il implique la considération de la dépendance sous un aspect auquel correspond pratiquement l'attitude d'*el-ubûdiyah*, pour employer le terme arabe que le sens ordinaire de « servitude » ne rend sans doute qu'assez imparfaitement dans cette acception spécifiquement religieuse, mais suffisamment néanmoins pour permettre de comprendre celle-ci mieux que ne le ferait le mot d'« adoration » (lequel répond d'ailleurs plutôt à un autre terme de même racine, *el-ibâdah*) ; or l'état d'*abd*, ainsi envisagé, est proprement la condition de la « créature » vis-à-vis du « Créateur ».

Puisque nous venons d'emprunter un terme au langage de la tradition islamique, nous ajouterons ceci : personne n'oserait certes contester que l'Islamisme, quant à son côté religieux ou exotérique, soit au moins aussi « créationniste » que peut l'être le Christianisme lui-même ; pourtant, cela n'empêche nullement que, dans son aspect ésotérique, il y a un certain niveau à partir duquel l'idée de création disparaît. Ainsi, il est un aphorisme suivant lequel « le *Çûfî* (on doit bien faire attention qu'il ne s'agit pas ici du simple *mutaçawwuf*) n'est pas créé » (*Eç-Çûfî lam yukhlaq*) ; cela revient à dire que son état est au-delà de la condition de « créature », et en effet, en tant qu'il a réalisé l'« Identité Suprême », donc qu'il est actuellement identifié au Principe ou à l'Incréé, il ne peut nécessairement être lui-même qu'incréé. Là, le point de vue religieux est non moins nécessairement dépassé, pour faire place au point de vue métaphysique pur ; mais, si l'un et l'autre peuvent ainsi coexister dans la même tradition, chacun au rang qui lui convient et dans le domaine qui lui appartient en propre cela prouve très évidemment qu'ils ne s'opposent ou ne se contredisent en aucune façon.

Nous savons qu'il ne peut y avoir aucune contradiction réelle, soit à l'intérieur de chaque tradition, soit entre celle-ci et les autres traditions, puisqu'il n'y a en tout cela que des expressions diverses de la Vérité une. Si quelqu'un croit y voir d'apparentes contradictions, ne devrait-il donc pas en conclure tout simplement qu'il y a là quelque chose qu'il comprend mal ou incomplètement, au lieu de prétendre imputer aux doctrines traditionnelles elles-mêmes des défauts qui, en réalité, n'existent que du fait de sa propre insuffisance intellectuelle ?

Chapitre X

TAOÏSME ET CONFUCIANISME [*]

Les peuples anciens, pour la plupart, ne se sont guère préoccupés d'établir pour leur histoire une chronologie rigoureuse ; certains ne se servirent même, tout au moins pour les époques les plus reculées, que de nombres symboliques, qu'on ne saurait, sans commettre une grave erreur, prendre pour des dates au sens ordinaire et littéral de ce mot. Les Chinois constituent, à cet égard, une exception assez remarquable : ils sont peut-être le seul peuple qui ait constamment pris soin, depuis l'origine même de sa tradition, de dater ses annales au moyen d'observations astronomiques précises, comportant la description de l'état du ciel au moment où se sont produits les événements dont le souvenir a été conservé. On peut donc, en ce qui concerne la Chine et son antique histoire, être plus affirmatif

---

[*] *Le Voile d'Isis*, 1932, p. 485-508.

qu'en beaucoup d'autres cas ; et l'on sait ainsi que cette origine de la tradition que l'on peut appeler proprement chinoise remonte à environ 3 700 ans avant l'ère chrétienne. Par une coïncidence assez curieuse, cette même époque est aussi le commencement de l'ère hébraïque ; mais, pour cette dernière, il serait difficile de dire à quel événement, en réalité, se rapporte ce point de départ.

Une telle origine, pour si éloignée qu'elle puisse paraître lorsqu'on la compare à celle de la civilisation gréco-romaine et aux dates de l'antiquité dite « classique », est pourtant, à vrai dire, encore assez récente ; quel était, avant cette époque, l'état de la race jaune, qui habitait alors vraisemblablement certaines régions de l'Asie centrale ? Il est impossible de le préciser, en l'absence de données suffisamment explicites ; il semble que cette race ait traversé une période d'obscurcissement, d'une durée indéterminée, et qu'elle ait été tirée de ce sommeil à un moment qui fut aussi marqué par des changements importants pour d'autres parties de l'humanité. Il se peut donc, et même c'est la seule chose qui soit affirmée assez nettement, que ce qui apparaît comme un commencement n'ait été véritablement que le réveil d'une tradition fort antérieure, qui dut d'ailleurs être mise alors sous une autre forme, pour s'adapter à des conditions nouvelles. Quoi qu'il en soit, l'histoire de la Chine, ou de ce qui est ainsi appelé aujourd'hui, ne commence proprement qu'a Fo-hi, qui est regardé comme son premier empereur ; et il faut ajouter tout de suite que ce nom de Fo-hi, auquel est attaché tout l'ensemble des connaissances qui constituent l'essence même de la tradition chinoise, sert en réalité à désigner toute une période, qui s'étend sur une durée de plusieurs siècles.

Fo-hi, pour fixer les principes de la tradition, fit usage de symboles linéaires aussi simples et en même temps aussi synthétiques que possible : le trait continu et le trait brisé, signes respectifs du *yang* et du *yin*, c'est-à-dire des deux principes actif et passif qui, procédant d'une sorte de polarisation de la suprême Unité métaphysique, donnent naissance à toute la manifestation universelle. Des combinaisons de ces deux signes, dans toutes leurs dispositions possibles, sont formés les huit *koua* ou « trigrammes », qui sont toujours demeurés les symboles fondamentaux de la tradition extrême-orientale. Il est dit que, « avant de tracer les trigrammes, Fo-hi regarda le Ciel, puis baissa les yeux vers la Terre, en observa les particularités, considéra les caractères du corps humain et de toutes les choses extérieures »[47]. Ce texte est particulièrement intéressant en ce qu'il contient l'expression formelle de la grande Triade : le Ciel et la Terre, ou les deux principes complémentaires dont sont produits tous les êtres, et l'homme, qui, participant de l'un et de l'autre par sa nature, est le terme moyen de la Triade, le médiateur entre le Ciel et la Terre. Il convient de préciser qu'il s'agit ici de l'« homme véritable », c'est-à-dire de celui qui, parvenu au plein développement de ses facultés supérieures, « peut aider le Ciel et la Terre dans l'entretien et la transformation des êtres, et, par cela même, constituer un troisième pouvoir avec le Ciel et la Terre »[48]. Il est dit aussi que Fo-hi vit un dragon sortir du fleuve, unissant en lui les puissances du Ciel et de la Terre, et portant les trigrammes inscrits sur son dos ; et ce n'est là qu'une autre façon d'exprimer symboliquement la même chose.

---

[47] *Livre des Rites de Tcheou.*

[48] Tchoung-young, XXII.

Toute la tradition fut donc d'abord contenue essentiellement et comme en germe dans les trigrammes, symboles merveilleusement aptes à servir de support à des possibilités indéfinies : il ne restait qu'à en tirer tous les développements nécessaires, soit dans le domaine de la pure connaissance métaphysique, soit dans celui de ses applications diverses à l'ordre cosmique et à l'ordre humain. Pour cela, Fo-hi écrivit trois livres, dont le dernier, appelé *Yi-king* ou « Livre des mutations », est seul parvenu jusqu'à nous ; et le texte de ce livre est encore tellement synthétique qu'il peut être entendu en des sens multiples, d'ailleurs parfaitement concordants entre eux, selon qu'on s'en tient strictement aux principes ou qu'on veut les appliquer à tel ou tel ordre déterminé. Ainsi, outre le sens métaphysique, il y a une multitude d'applications contingentes, d'inégale importance, qui constituent autant de sciences traditionnelles : applications logique, mathématique, astronomique, physiologique, sociale, et ainsi de suite ; il y a même une application divinatoire, qui est d'ailleurs regardée comme une des plus inférieures de toutes, et dont la pratique est abandonnée aux jongleurs errants. Du reste, c'est là un caractère commun à toutes les doctrines traditionnelles que de contenir en elles-mêmes, dès l'origine, les possibilités de tous les développements concevables, y compris ceux d'une indéfinie variété de sciences dont l'Occident moderne n'a pas la moindre idée, et de toutes les adaptations qui pourront être requises par les circonstances ultérieures. Il n'y a donc pas lieu de s'étonner que les enseignements renfermés dans le *Yi-king*, et que Fo-hi lui-même déclarait avoir tirés d'un passé très ancien et très difficile à déterminer, soient devenus à leur tour la base commune des deux doctrines dans lesquelles la tradition chinoise s'est continuée jusqu'à nos jours, et qui pourtant, en raison des domaines totalement différents auxquels elles se rapportent, peuvent sembler à première vue n'avoir aucun point de contact : le Taoïsme et le Confucianisme.

Quelles sont les circonstances qui, au bout d'environ trois mille ans, rendirent nécessaire une réadaptation de la doctrine traditionnelle, c'est-à-dire un changement portant, non sur le fond qui demeure toujours rigoureusement identique à lui-même, mais sur les formes dans lesquelles cette doctrine est en quelque sorte incorporée ? C'est là encore un point qu'il serait sans doute difficile d'élucider complètement, car ces choses, en Chine aussi bien qu'ailleurs, sont de celles qui ne laissent guère de traces dans l'histoire écrite, où les effets extérieurs sont beaucoup plus apparents que les causes profondes. En tout cas, ce qui paraît certain, c'est que la doctrine, telle qu'elle avait été formulée à l'époque de Fo-hi, avait cessé d'être comprise généralement dans ce qu'elle a de plus essentiel ; et sans doute aussi les applications qui en avaient été tirées autrefois, notamment au point de vue social, ne correspondaient-elles plus aux conditions d'existence de la race, qui avaient dû se modifier très sensiblement dans l'intervalle.

On était alors au VIe siècle avant l'ère chrétienne ; et il est à remarquer qu'en ce siècle se produisirent des changements considérables chez presque tous les peuples, de sorte que ce qui se passa en Chine semble devoir être rattaché à une cause peut-être difficile à définir, dont l'action affecta toute l'humanité terrestre. Ce qui est singulier, c'est que ce VIe siècle peut être considéré, d'une façon très générale, comme le début de la période proprement « historique » : quand on veut remonter plus loin, il est impossible d'établir une chronologie même approximative, sauf dans quelques cas exceptionnels comme l'est précisément celui de la Chine ; à partir de cette époque, au contraire, les dates des événements sont partout connues avec une assez grande exactitude ; assurément, il y a là un fait qui mériterait quelque réflexion. Les changements qui eurent lieu alors présentèrent d'ailleurs des caractères différents suivant les pays : dans l'Inde, par exemple, on vit naître le Bouddhisme, c'est-à-dire une révolte contre l'esprit traditionnel, allant jusqu'à la négation de toute autorité, jusqu'à une véritable anarchie dans l'ordre intellectuel et dans l'ordre social ; en Chine, par contre, c'est strictement dans la ligne de la tradition que se constituèrent simultanément les deux formes doctrinales nouvelles auxquelles on donne les noms de Taoïsme et de Confucianisme.

Les fondateurs de ces deux doctrines, Lao-tseu et Kong-tseu, furent donc contemporains, et l'histoire nous apprend qu'ils se rencontrèrent un jour. « As-tu découvert le *Tao* ? », demanda Lao-Tseu. « Je l'ai cherché vingt-sept ans, répondit Kong-tseu, et je ne l'ai pas trouvé. » Là-dessus, Lao-tseu se borna à donner à son interlocuteur ces quelques conseils : « Le sage aime l'obscurité ; il ne se livre pas à tout venant ; il étudie les temps et les circonstances. Si le moment est propice, il parle ; sinon, il se tait. Celui qui est possesseur d'un trésor ne le montre pas à tout le monde ; ainsi, celui qui est véritablement sage ne dévoile pas la sagesse à tout le monde. Voilà tout ce que j'ai à te dire : fais-en ton profit. » Kong-tseu, revenant de cette entrevue, disait : « J'ai vu Lao-tseu ; il ressemble au dragon. Quant au dragon, j'ignore comment il peut être porté par les vents et les nuages et s'élever jusqu'au ciel. »

Cette anecdote, rapportée par l'historien Sse-matsien, définit parfaitement les positions respectives des deux doctrines, nous devrions plutôt dire des deux branches de doctrine, en lesquelles allait désormais se trouver divisée la tradition extrême-orientale : l'une comportant essentiellement la métaphysique pure, à laquelle s'adjoignent toutes les sciences traditionnelles ayant une portée proprement spéculative ou, pour mieux dire, « cognitive » ; l'autre confinée dans le domaine pratique et se tenant exclusivement sur le terrain des applications sociales. Kong-tseu avouait lui-même qu'il n'était point « né à la Connaissance », c'est-à-dire qu'il n'avait pas atteint la connaissance par excellence, qui est celle de l'ordre métaphysique et supra-rationnel ; il connaissait les symboles traditionnels, mais il n'avait pas pénétré leur sens le plus profond. C'est pourquoi son œuvre devait être nécessairement bornée à un domaine spécial et contingent, qui seul était de sa compétence ; mais du moins se gardait-il bien de nier ce qui le dépassait. En cela, ses disciples plus ou moins éloignés ne l'imitèrent pas toujours, et certains, par un travers qui est fort répandu chez les « spécialistes » de tout genre, firent preuve parfois d'un étroit exclusivisme, qui leur attira, de la part des grands commentateurs taoïstes du VIe siècle avant l'ère chrétienne, Lie-tseu et surtout Tchoang-tseu, quelques ripostes d'une cinglante ironie. Les discussions et les querelles qui se produisirent ainsi à certaines époques ne doivent pourtant pas faire regarder le Taoïsme et le Confucianisme comme deux écoles rivales, ce qu'ils ne furent jamais et ce qu'ils ne peuvent pas être, puisque chacun a son domaine propre et nettement distinct. Il n'y a donc, dans leur coexistence, rien que de parfaitement normal et régulier, et, sous certains rapports, leur distinction correspond assez exactement à ce qu'est, dans d'autres civilisations, celle de l'autorité spirituelle et du pouvoir temporel.

Nous avons déjà dit, d'ailleurs, que les deux doctrines ont une racine commune, qui est la tradition antérieure ; Kong-tseu, pas plus que Lao-tseu, n'a jamais eu l'intention d'exposer des conceptions qui n'auraient été que les siennes propres, et qui, par là même, se seraient trouvées dépourvues de toute autorité et de toute portée réelle. « Je suis, disait Kong-tseu, un homme qui a aimé les anciens et qui a fait tous ses efforts pour acquérir leurs connaissances »[49] ; et cette attitude, qui est à l'opposé de l'individualisme des Occidentaux modernes et de leurs prétentions à l'« originalité » à tout prix, est la seule qui soit compatible avec la constitution d'une civilisation traditionnelle. Le mot de « réadaptation », que nous employions précédemment, est donc bien celui qui convient ici ; et les institutions sociales qui en résultèrent sont douées d'une remarquable stabilité, puisqu'elles ont duré depuis vingt-cinq siècles et ont survécu à toutes les périodes de trouble que la Chine a traversée jusqu'ici. Nous ne voulons pas nous étendre sur ces institutions, qui, du reste, sont assez connues dans leurs grandes lignes ; nous rappellerons seulement que leur trait essentiel est de prendre pour base la famille, et de s'étendre de là à la race, qui est l'ensemble des familles rattachées à une même souche originelle ; un des caractères propres de la civilisation chinoise est, en effet, de se fonder sur l'idée de la race et de la solidarité qui unit

---

[49] *Liun-yu*, VII.

ses membres entre eux, tandis que les autres civilisations, qui comprennent généralement des hommes appartenant à des races diverses ou mal définies, reposent sur des principes d'unité tout différents de celui-là.

D'ordinaire, en Occident, quand on parle de la Chine et de ses doctrines, on pense à peu près exclusivement au Confucianisme, ce qui, du reste, ne veut pas dire qu'on l'interprète toujours correctement ; on prétend parfois en faire une sorte de « positivisme » oriental, alors qu'il est tout autre chose en réalité, d'abord en raison de son caractère traditionnel, et aussi parce qu'il est, comme nous l'avons dit, une application de principes supérieurs, tandis que le positivisme implique au contraire la négation de tels principes.

Quant au Taoïsme, il est généralement passé sous silence, et beaucoup paraissent ignorer jusqu'à son existence, ou tout au moins croire qu'il a disparu depuis longtemps et qu'il ne présente plus qu'un intérêt simplement historique ou archéologique ; nous verrons par la suite les raisons de cette méprise.

Lao-tseu n'écrivit qu'un seul traité, d'ailleurs extrêmement concis, le *Tao-te-king* ou « Livre de la

Voie et de la Rectitude » ; tous les autres textes taoïstes sont, ou des commentaires de ce livre fondamental, ou des rédactions plus ou moins tardives de certaines enseignements complémentaires qui, tout d'abord, avaient été purement oraux. Le *Tao*, qu'on traduit littéralement par « Voie », et qui a donné son nom à la doctrine elle-même, est le Principe suprême, envisagé au point de vue strictement métaphysique : il est à la fois l'origine et la fin de tous les êtres, ainsi que l'indique très clairement le caractère idéographique qui le représente. Le *Te*, que nous préférons rendre par « Rectitude » plutôt que par « Vertu » comme on le fait quelquefois, et cela afin de ne pas paraître lui donner une acception « morale » qui n'est aucunement dans l'esprit du Taoïsme, le *Te*, disons-nous, est ce qu'on pourrait appeler une « spécification » du *Tao* par rapport à un être déterminé, tel que l'être humain par exemple : c'est la direction que cet être doit suivre pour que son existence, dans l'état où il se trouve présentement, soit selon la Voie, ou, en d'autres termes, en conformité avec le Principe. Lao-tseu se place donc tout d'abord dans l'ordre universel, et il descend ensuite à une application ; mais cette application, bien que visant proprement le cas de l'homme, n'est nullement faite à un point de vue social ou moral ; ce qui y est envisagé, c'est toujours et exclusivement le rattachement au Principe suprême, et ainsi, en réalité, nous ne sortons pas du domaine métaphysique.

Aussi n'est-ce point à l'action extérieure que le Taoïsme accorde de l'importance ; il la tient en somme pour indifférente en elle-même, et il enseigne expressément la doctrine du « non-agir », dont les Occidentaux ont en général quelque peine à comprendre la véritable signification, bien qu'ils puissent y être aidés par la théorie aristotélicienne du « moteur immobile », dont le sens est le même au fond, mais dont ils ne semblent pas s'être jamais appliqués à développer les conséquences. Le « non-agir » n'est point l'inertie, il est au contraire la plénitude de l'activité, mais c'est une activité transcendante et tout intérieure, non-manifestée, en union avec le Principe, donc au-delà de toutes les distinctions et de toutes les apparences que le vulgaire prend à tort pour la réalité même, alors qu'elles n'en sont qu'un reflet plus ou moins lointain. Il est d'ailleurs à remarquer que le Confucianisme lui-même, dont le point de vue est cependant celui de l'action, n'en parle pas moins de l'« invariable milieu », c'est-à-dire de l'état d'équilibre parfait, soustrait aux incessantes vicissitudes du monde extérieur ; mais, pour lui, ce ne peut être là que l'expression d'un idéal purement théorique, il ne peut saisir au plus, dans son domaine contingent, qu'une simple image du véritable « non-agir », tandis que, pour le Taoïsme, il est question de tout autre chose, d'une réalisation pleinement effective de cet état transcendant. Placé au centre de la roue cosmique, le sage parfait la meut invisiblement, par sa seule présence, sans participer à son mouvement, et sans avoir à se préoccuper d'exercer une action quelconque ; son détachement absolu le rend maître de toutes choses, parce qu'il ne peut plus être affecté par rien. « Il a atteint l'impassibilité parfaite ; la vie et la mort lui étant également indifférentes, l'effondrement de l'univers ne lui causerait aucune émotion. À force de scruter, il est arrivé à la vérité immuable, la connaissance du Principe universel unique. Il laisse évoluer les êtres selon leurs destinées, et se tient, lui, au centre immobile de toutes les destinées... Le signe extérieur de cet état intérieur, c'est l'imperturbabilité ; non pas celle du brave qui fonce seul, pour l'amour de la gloire, sur une armée rangée en bataille ; mais celle de l'esprit qui, supérieur au ciel, à la terre, à tous les êtres, habite dans un corps auquel il ne tient pas, ne fait aucun cas des images que ses sens lui fournissent, connaît tout par connaissance globale dans son unité immobile. Cet esprit-là, absolument indépendant, est maître des hommes ; s'il lui plaisait de les convoquer en masse, au jour fixé tous accourraient ; mais il ne veut pas se faire servir »[50]. « Si un vrai sage avait dû, bien malgré lui, se charger du soin de l'empire, se tenant dans le non-agir, il emploierait les loisirs de sa non-intervention à donner libre cours à ses propensions naturelles. L'empire se trouverait bien d'avoir été remis aux mains de cet homme. Sans mettre en jeu ses organes, sans user de ses sens corporels, assis immobile, il verrait tout de son œil transcendant ; absorbé dans la contemplation, il ébranlerait tout comme fait le tonnerre ; le ciel physique s'adapterait docilement aux mouvements de son esprit ; tous les êtres suivraient l'impulsion de sa non-intervention, comme la poussière suit le vent. Pourquoi cet homme s'appliquerait-il à manipuler l'empire, alors que le laisser-aller suffit ? »[51].

---

[50] *Tchoang-tseu*, V.

[51] Tchoang-tseu, XI.

Nous avons insisté spécialement sur cette doctrine du « non-agir » ; outre qu'elle est effectivement un des aspects les plus importants et les plus caractéristiques du Taoïsme, il y a à cela des raisons plus spéciales que la suite fera mieux comprendre. Mais une question se pose : comment peut-on parvenir à l'état qui est décrit comme celui du sage parfait ? Ici comme dans toutes les doctrines analogues qui se trouvent en d'autres civilisations, la réponse est très nette : on y parvient exclusivement par la connaissance ; mais cette connaissance, celle-là même que Kong-tseu avouait n'avoir point obtenue, est d'un tout autre ordre que la connaissance ordinaire ou « profane », elle n'a aucun rapport avec le savoir extérieur des « lettrés », ni, à plus forte raison, avec la science telle que la comprennent les modernes Occidentaux. Il ne s'agit pas là d'une incompatibilité, encore que la science ordinaire, par les bornes qu'elle pose et par les habitudes mentales qu'elle fait prendre, puisse être souvent un obstacle à l'acquisition de la véritable connaissance ; mais quiconque possède celle-ci doit forcément tenir pour négligeables les spéculations relatives et contingentes où se complaisent la plupart des hommes, les analyses de recherches de détail dans lesquelles ils s'embarrassent, et les multiples divergences d'opinions qui en sont l'inévitable conséquence. « Les philosophes se perdent dans leurs spéculations, les sophistes dans leurs distinction, les chercheurs dans leurs investigations. Tous ces hommes sont captifs dans les limites de l'espace, aveuglés par les êtres particuliers »[52]. Le sage, au contraire, a dépassé toutes les distinctions inhérentes aux points de vue extérieurs ; au point central où il se tient, toute opposition a disparu et s'est résolue dans un parfait équilibre. « Dans l'état primordial, ces compositions n'existaient pas. Toutes sont dérivées de la diversification des êtres, et de leurs contacts causés par la giration universelle. Elles cesseraient, si la diversité et le mouvement cessaient. Elles cessent d'emblée d'affecter l'être qui a réduit son moi distinct et son mouvement particulier à presque rien. Cet être n'entre plus en conflit avec aucun être, parce qu'il est établi dans l'infini, effacé dans l'indéfini. Il est parvenu et se tient au point de départ des transformations, point neutre où il n'y a pas de conflits. Par concentration de sa nature, par alimentation de son esprit vital, par rassemblement

---

[52] Tchoang-tseu, XXIV.

de toutes ses puissances, il s'est uni au principe de toutes les genèses. Sa nature étant entière, son esprit vital étant intact, aucun être ne saurait l'entamer »[53].

C'est pour cela, et non par une sorte de scepticisme qu'exclut évidemment le degré de connaissance où il est parvenu, que le sage se tient entièrement en dehors de toutes les discussions qui agitent le commun des hommes ; pour lui, en effet, toutes les opinions contraires sont pareillement sans valeur, parce que, du fait même de leur opposition, elles sont toutes également relatives. « Son point de vue à lui, c'est un point d'où ceci et cela, oui et non, paraissent encore non-distingués. Ce point est le pivot de la norme ; c'est le centre immobile d'une circonférence, sur le contour de laquelle roulent toutes les contingences, les distinctions et les individualités ; d'où l'on ne voit qu'un infini, qui n'est ni ceci ni cela, ni oui ni non. Tout voir dans l'unité primordiale non encore différenciée, ou d'une distance telle que tout se fond en un, voilà la vraie intelligence... Ne nous occupons pas de distinguer, mais voyons tout dans l'unité de

---

[53] Tchoang-tseu, XIX.

la norme. Ne discutons pas pour l'emporter, mais employons, avec autrui, [120] le procédé de l'éleveur de singes. Cet homme dit aux singes qu'il élevait : Je vous donnerai trois taros le matin, et quatre le soir. Les singes furent tous mécontents. Alors, dit-il, je vous donnerai quatre taros le matin, et trois le soir. Les singes furent tous contents. Avec l'avantage de les avoir contentés, cet homme ne leur donna en définitive, par jour, que les sept taros qu'il leur avait primitivement destinés. Ainsi, fait le sage ; il dit oui ou non, pour le bien de la paix, et reste tranquille au centre de la roue universelle, indifférent au sens dans lequel elle tourne »[54].

Il est à peine besoin de dire que l'état du sage parfait, avec tout ce qu'il implique et sur quoi nous ne pouvons pas insister ici, ne peut être atteint d'un seul coup, et que même des degrés inférieurs à celui-là, et qui sont comme autant de stades préliminaires, ne sont accessibles qu'aux prix d'efforts dont bien peu d'hommes sont capables. Les méthodes employées à cet effet par le Taoïsme sont d'ailleurs particulièrement difficiles à suivre, et l'aide qu'elles fournissent est beaucoup plus réduite que celle qu'on peut trouver dans l'enseignement

---

[54] Tchoang-tseu, II.

traditionnel d'autres civilisations, de l'Inde par exemple ; en tout cas, elles sont à peu près impraticables pour des hommes appartenant à des races autres que celle à laquelle elles sont plus particulièrement adaptées. Du reste, même en Chine, le Taoïsme n'a jamais eu une très large diffusion, et il n'y a jamais visé, s'étant toujours abstenu de toute propagande ; cette réserve lui est imposée par sa nature même ; c'est une doctrine très fermée et essentiellement « initiatique », qui comme telle n'est destinée qu'à une élite, et qui ne saurait être proposée à tous indistinctement, car tous ne sont pas aptes à la comprendre ni surtout à la « réaliser ». On dit que Lao-tseu ne confia son enseignement qu'à deux disciples, qui eux-mêmes en formèrent dix autres ; après avoir écrit le *Tao-te-king*, il disparut vers l'Ouest ; sans doute se réfugia-t-il dans quelque retraite presque inaccessible du Tibet ou de l'Himalaya, et, dit l'historien Sse-ma-tsien, « on ne sait ni où ni comment il finit ses jours ».

La doctrine qui est commune à tous, celle que tous, dans la mesure de leurs moyens, doivent étudier et mettre en pratique, c'est le Confucianisme, qui, embrassant tout ce qui concerne les relations sociales, est pleinement suffisant pour les besoins de la vie ordinaire. Pourtant, puisque le Taoïsme représente la connaissance principielle dont dérive tout le reste, le Confucianisme, en réalité, n'en est en quelque sorte qu'une application dans un ordre contingent, il lui est subordonné en droit par sa nature même ; mais c'est là une chose dont la masse n'a pas à se préoccuper, qu'elle peut même ne pas soupçonner, puisque seule l'application pratique rentre dans son horizon intellectuel ; et, dans la masse dont nous parlons, il faut assurément comprendre la grande majorité des « lettrés » confucianistes eux-mêmes. Cette séparation de fait entre le Taoïsme et le Confucianisme, entre la doctrine intérieure et la doctrine extérieure, constitue, toute question de forme étant mise à part, une des plus notables différences qui existent entre la civilisation de la Chine et l'Inde ; dans cette dernière, il n'y a qu'un corps de doctrine unique, le Brâhmanisme, comportant à la fois le principe et toutes ses applications, et, des degrés les plus inférieurs aux plus élevés, il n'y a pour ainsi dire aucune solution de continuité. Cette différence tient pour une grande part à celles des conditions mentales des deux peuples ; cependant, il est très probable que la continuité qui s'est maintenue dans l'Inde, et sans doute dans l'Inde seule, a existé aussi autrefois en Chine, depuis l'époque de Fo-hi jusqu'à celle de Lao-tseu et de Kong-tseu.

On voit maintenant pourquoi le Taoïsme est si peu connu des Occidentaux : il n'apparaît pas au dehors comme le Confucianisme, dont l'action se manifeste visiblement dans toutes les circonstances de la vie sociale ; il est l'apanage exclusif d'une élite, peut-être plus restreinte en nombre aujourd'hui qu'elle ne l'a jamais été, et qui ne cherche aucunement à communiquer à l'extérieur la doctrine dont elle est la gardienne ; enfin, son point de vue même, son mode d'expression et ses méthodes d'enseignement sont tout ce qu'il y a de plus étranger à l'esprit occidental moderne. Certains, tout en connaissant l'existence du Taoïsme et en se rendant compte que cette tradition est toujours vivante, s'imaginent cependant que, en raison de son caractère fermé, son influence sur l'ensemble de la civilisation chinoise est pratiquement négligeable, sinon tout à fait nulle ; c'est là encore une grave erreur, et il nous reste maintenant à expliquer, dans la mesure où il est possible de le faire ici, ce qu'il en est réellement à cet égard.

Si l'on veut bien se reporter aux quelques textes que nous avons cités plus haut à propos du « non-agir », on pourra comprendre sans trop de difficulté, tout au moins en principe, sinon dans les modalités d'application, ce que doit être le rôle du Taoïsme, rôle de direction invisible, dominant les événements au lieu d'y prendre une part directe, et qui, pour ne pas être clairement apparent dans les mouvements extérieurs, n'en est que plus profondément efficace. Le Taoïsme remplit, comme nous l'avons dit, la fonction du « moteur immobile » : il ne cherche point à se mêler à l'action, il s'en désintéresse même entièrement en tant qu'il ne voit dans l'action qu'une simple modification momentanée et transitoire, un élément infime du « courant des formes », un point dans la circonférence de la « roue cosmique » ; mais, d'autre part, il est comme le pivot autour duquel tourne cette roue, la norme sur laquelle se règle son mouvement, précisément parce qu'il ne participe pas à ce mouvement, et sans même qu'il ait à y intervenir expressément. Tout ce qui est entraîné dans les révolutions de la roue change et passe ; seul demeure ce qui, étant uni au Principe, se tient invariablement au centre, immuable comme le Principe même ; et le centre, que rien ne peut affecter dans son unité indifférenciée, est le point de départ de la multitude indéfinie des modifications qui constituent la manifestation universelle.

Il faut ajouter tout de suite que ce que nous venons de dire, concernant essentiellement l'état et la fonction du sage parfait, puisque c'est celui-ci seul qui a effectivement atteint le centre, ne s'applique rigoureusement qu'au degré suprême de la hiérarchie taoïste ; les autres degrés sont comme des intermédiaires entre le centre et le monde extérieur, et, comme les rayons de la roue partent de son moyeu et le relient à la circonférence, ils assurent, sans aucune discontinuité, la transmission de l'influence émanée du point invariable où réside l'« activité non-agissante ». Le terme d'influence, et non d'action, est bien celui qui convient ici ; on pourrait aussi, si l'on veut, dire qu'il s'agit d'une « action de présence » ; et même les degrés inférieurs, bien qu'étant fort éloignés de la plénitude du « non-agir », en participent cependant encore d'une certaine manière. D'ailleurs, les modes de communication de cette influence échappent nécessairement à ceux qui ne voient que le dehors des choses ; ils seraient tout aussi peu intelligibles à l'esprit occidental, et pour les mêmes raisons, que les méthodes qui permettent l'accession aux divers degrés de la hiérarchie. Aussi serait-il parfaitement inutile d'insister sur ce qu'on appelle les « temples sans portes », les « collèges où l'on n'enseigne pas », ou sur ce que peut être la constitution d'organisations qui n'ont aucun des caractères d'une « société » au sens européen de ce mot, qui n'ont pas de forme extérieure définie, qui parfois n'ont pas même de nom, et qui cependant créent entre leurs membres le lien le plus effectif et le plus indissoluble qui puisse exister ; tout cela ne saurait rien représenter à l'imagination occidentale, ce qui lui est familier ne fournissant ici aucun terme valable de comparaison.

Au niveau le plus extérieur, il existe sans doute des organisations qui, étant engagées dans le domaine de l'action, semblent plus facilement saisissables, quoiqu'elles soient encore bien autrement secrètes que toutes les associations occidentales qui ont quelque prétention plus ou moins justifiée à posséder ce caractères. Ces organisations n'ont en général qu'une existence temporaire ; constituées en vue d'un but spécial, elles disparaissent sans laisser de traces dès que leur mission est accomplie ; ce ne sont que de simples émanations d'autres organisations plus profondes et plus permanentes, dont elles reçoivent leur direction réelle, alors même que leurs chefs apparents sont entièrement étrangers à la hiérarchie taoïste. Certaines d'entre elles, qui ont joué un rôle considérable dans un passé plus ou moins éloigné, ont laissé dans l'esprit du peuple des souvenirs qui s'expriment sous une forme légendaire : ainsi, nous avons entendu raconter qu'autrefois les maîtres de telle association secrète prenait une poignée d'épingles et la jetaient à terre, et que de ces épingles naissaient autant de soldats tout armés. C'est exactement l'histoire de Cadmus semant les dents du dragon ; et ces légendes, que le vulgaire a seulement le tort de prendre à la lettre, ont, sous leur apparence naïve, une très réelle valeur symbolique.

Il peut d'ailleurs arriver, dans bien des cas, que les associations dont il s'agit, ou tout au moins les plus extérieures, soient en opposition et même en lutte les unes contre les autres ; des observateurs superficiels ne manqueraient pas de tirer de ce fait une objection contre ce que nous venons de dire, et d'en conclure que, dans de telles conditions, l'unité de direction ne peut pas exister. Ceux-là n'oublieraient qu'une chose, c'est que la direction en question est « au-delà » de l'opposition qu'ils constatent, et non point dans le domaine où s'affirme cette opposition et pour lequel seul elle est valable. Si nous avions à répondre à de tels contradicteurs, nous nous bornerions à leur rappeler l'enseignement taoïste sur l'équivalence du « oui » et du « non » dans l'indistinction primordiale, et, quant à la mise en pratique de cet enseignement, nous les renverrions tout simplement à l'apologue de l'éleveur des singes.

Nous pensons en avoir dit assez pour faire concevoir que l'influence réelle du Taoïsme puisse être extrêmement importante, tout en demeurant toujours invisible et cachée ; ce n'est pas seulement en Chine qu'il existe des choses de ce genre, mais elles semblent y être d'une application plus constante que partout ailleurs. On comprendra aussi que ceux qui ont quelque connaissance du rôle de cette organisation traditionnelle doivent se défier des apparences et se montrer fort réservés dans l'appréciation d'événements tels que ceux qui se déroulent en Extrême-Orient, et qu'on juge trop souvent par assimilation avec ce qui se passe dans le monde occidental, ce qui les fait apparaître sous un jour complètement faux. La civilisation chinoise a traversé bien d'autres crises dans le passé, et elle a toujours retrouvé finalement son équilibre ; en somme, rien n'indique jusqu'ici que la crise actuelle soit beaucoup plus grave que les précédentes, et, même en admettant qu'elle le soit, ce ne serait pas encore une raison pour supposer qu'elle doive forcément atteindre ce qu'il y a de plus profond et de plus essentiel dans la tradition de la race, et qu'un tout petit nombre d'hommes peut d'ailleurs suffire à conserver intact dans les périodes de trouble, car les choses de cet ordre ne s'appuient point sur la force brutale de la multitude. Le Confucianisme, qui ne représente que le côté extérieur de la tradition, peut même disparaître si les conditions sociales viennent à changer au point d'exiger la constitution d'une forme entièrement nouvelle ; mais le Taoïsme est au-delà de ces contingences. Qu'on n'oublie pas que le sage, suivant les enseignements taoïstes que nous avons rapportés, « reste tranquille au centre de la roue cosmique », quelles que puissent être les circonstances, et que même « l'effondrement de l'univers ne lui causerait aucune émotion ».

ANNEXE

COMPTES RENDUS DE LIVRES ET DE REVUES

Sur l'ésotérisme islamique

LIVRES

W.B Seabrook. *Aventures en Arabie* (Gallimard, Paris). — Ce livre, comme ceux du même auteur qui ont été déjà traduits précédemment (*L'Île magique et Les secrets de la jungle*), se distingue avantageusement des habituels « récits de voyageurs » ; sans doute est-ce parce que nous avons affaire ici à quelqu'un qui ne porte pas partout avec lui certaines idées préconçues, et qui, surtout, n'est nullement persuadé que les Occidentaux soient supérieurs à tous les autres peuples. Il y a bien parfois quelques naïvetés, de singuliers étonnements devant des choses très simples et très élémentaires ; mais cela même nous paraît être, en somme, une garantie de sincérité. – À la vérité, le titre est quelque peu trompeur car l'auteur n'a pas été en Arabie proprement dite, mais seulement dans les régions situées immédiatement au nord de celle-ci. Disons aussi, pour en finir tout de suite avec les critiques, que les mots arabes sont parfois bizarrement déformés, comme par quelqu'un qui essaierait de transcrire approximativement les sons qu'il entend sans se préoccuper d'une orthographe quelconque, et que quelques phrases citées sont traduites d'une façon plutôt fantaisiste. Enfin, nous avons pu faire une fois de plus une remarque curieuse : c'est que, dans les livres occidentaux destinés au « grand public », la *shahâdah* n'est pour ainsi dire jamais reproduite exactement ; est-ce purement accidentel, ou ne serait-on pas plutôt tenté de penser que quelque chose s'oppose à ce qu'elle puisse être prononcée par la masse des lecteurs hostiles ou simplement indifférents. — La première partie, qui est la plus longue, concerne la vie chez les Bédouins et est presque uniquement descriptive, ce qui ne veut certes pas dire qu'elle soit sans intérêt ; mais, dans les suivantes, il y a quelque chose de plus. L'une d'elles, où il est question des Derviches, contient notamment des propos d'un cheikh Mawlawi dont le sens est, sans aucun doute, fidèlement reproduit : ainsi, pour dissiper l'incompréhension que l'auteur manifeste à l'égard de certaines *turuq*, ce cheikh lui explique qu'« il n'y a pas pour aller à Dieu une voie unique étroite et directe, mais un nombre infini de sentiers » ; il est dommage qu'il n'ait pas eu l'occasion de lui faire comprendre aussi que le soufisme n'a rien de commun avec le panthéisme ni avec l'hétérodoxie... Par contre, c'est bien de sectes hétérodoxes, et de plus passablement énigmatiques, qu'il s'agit dans les deux autres parties : les Druses et les Yézidis ; et, sur les uns et les autres, il y a là des informations intéressantes, sans d'ailleurs aucune prétention de tout faire connaître et de tout expliquer. En ce qui concerne les Druses, un point qui reste particulièrement obscur, c'est le culte qu'ils passent pour rendre à un « veau d'or » ou à une « tête de veau » ; il y a là quelque chose qui pourrait peut-être donner lieu à bien des rapprochements, dont l'auteur semble avoir seulement entrevu quelques-uns ; du moins a-t-il compris que symbolisme n'est pas idolâtrie... Quant aux Yézidis, on en aura une idée passablement différente de celle que donnait la conférence dont nous avons parlé dernièrement dans nos comptes rendus des revues (numéro de novembre) : ici, il n'est plus question de « Mazdéisme » à leur propos, et, sous ce rapport du moins, c'est sûrement plus exact ; mais l'« adoration du diable » pourrait susciter des discussions plus difficiles à trancher, et la vraie nature du *Malak Tâwûs* demeure encore un mystère. Ce qui est peut-être le plus digne d'intérêt, à l'insu de l'auteur qui, malgré ce qu'il a vu, se refuse à y croire, c'est ce qui concerne les « sept tours du diable », centres de projection des influences sataniques à travers le monde ; qu'une de ces tours soit située chez les Yézidis, cela ne prouve d'ailleurs point que ceux-ci soient eux-mêmes des « satanistes », mais seulement que, comme beaucoup de sectes hétérodoxes, ils peuvent être utilisés pour faciliter l'action de forces qu'ils ignorent. Il est significatif, à cet égard, que les prêtres réguliers yézidis s'abstiennent d'aller accomplir des rites quelconques dans cette tour, tandis que des sortes de magiciens errants viennent souvent y passer plusieurs jours ; que représentent au juste ces derniers personnages ? En tout cas, il n'est point nécessaire que la tour soit habitée d'une façon permanente, si elle n'est autre chose que le support tangible et « localisé » d'un des centres de la « contre-initiation », auxquels président les *awliya es-Shaytân* ; et ceux-ci, par la constitution de ces sept centres prétendent s'opposer à l'influence des sept *Aqtâb* ou « Pôles » terrestres subordonnés au « Pôle » suprême, bien que cette opposition ne puisse d'ailleurs être qu'illusoire, le domaine spirituel étant nécessairement fermé à la « contre-initiation ».

E.T., 1935, p. 42-43.

KHAN SAHIB KHAJA KHAN. *The Secret of Ana'l Haqq* (The Hogarth Press, Madras). — Ce livre est la traduction d'un ouvrage persan, *Irshâdatul Arifîn*, du Sheikh Ibrahim Gazur-i-Elahi de Shakarkote, mais une tra-duction arrangée en chapitres de façon à réunir tout ce qui se rapporte à une même question, afin d'en rendre la compréhension plus facile. L'auteur, en expliquant ses intentions, parle bien malencontreusement de « propagande des enseignements ésotériques de l'Islam », comme si l'ésotérisme pouvait se prêter à une propagande quelconque ; si tel a été réellement son but, nous ne pouvons d'ailleurs pas dire qu'il ait réussi à cet égard, car les lecteurs qui n'ont aucune connaissance préalable de *taçawwuf* auront sans doute bien de la peine à découvrir le véritable sens sous une expression anglaise qui, trop souvent, est terriblement défectueuse et plus qu'inexacte. Ce défaut, auquel s'ajoute, en ce qui concerne les citations arabes, celui d'une transcription qui les défigure étrangement, est fort regrettable, car, pour qui sait déjà de quoi il s'agit, il y a là des choses du plus grand intérêt. Le point central de ces enseignements, c'est la doctrine de l'« Identité Suprême », comme l'indique d'ailleurs le titre, qui a seulement le tort de paraître la rattacher à une formule spéciale, celle d'El-Hallâj, alors que rien de tel n'apparaît dans le texte même. Cette doctrine éclaire et commande en quelque sorte toutes les considérations qui se rapportent à différents sujets, tels que les degrés de l'Existence, les attributs divins, *el-fanâ* et *el-baqâ*, les méthodes et les stades du développement initiatique, et bien d'autres questions encore. La lecture de cet ouvrage est à recommander, non point à ceux à qui pourrait vouloir s'adresser une « propagande » qui serait d'ailleurs tout à fait hors de propos, mais au contraire à ceux qui possèdent déjà des connaissances suffisantes pour en tirer un réel profit.

E.T., 1937, p. 266.

EDWARD JABRA JURJI. *Illumination in Islamic Mysti-cism ; a translation with an introduction and notes, based upon a critical edition of Abu-al Mawáhib al-Shûdhili's treatise entitled Qawânîn Hikam al-Ishrâq* (Princeton University Press. Princeton, New Jersey). — La dénomination de

« mysticisme islamique », mise à la mode par Nicholson et quelques autres orientalistes, est fâcheusement inexacte, comme nous l'avons déjà expliqué à diverses reprises : en fait, c'est de *taçawwuf* qu'il s'agit, c'est-à-dire de quelque chose qui est d'ordre essentiellement initiatique et non point mystique. L'auteur de ce livre semble d'ailleurs suivre trop facilement les « autorités » occidentales, ce qui l'amène à dire parfois des choses quelque peu étranges, par exemple qu'« il est établi maintenant » que le Soufisme a tel ou tel caractère ; on dirait vraiment qu'il s'agit d'étudier quelque doctrine ancienne et disparue depuis longtemps ; mais le Soufisme existe actuellement et, par conséquent, peut toujours être connu directement, de sorte qu'il n'y a rien à « établir » à son sujet. De même, il est à la fois naïf et choquant de dire que « des membres de la fraternité shâdhilite ont été récemment observés en Syrie » ; nous aurions cru qu'il était bien connu que cette *tariqah*, dans l'une ou l'autre de ses nombreuses branches, était plus ou moins répandue dans tous les pays islamiques, d'autant plus qu'elle n'a certes jamais songé à se dissimuler ; mais cette malencontreuse « observation » pourrait légitimement amener à se demander à quelle singulière sorte d'espionnage certains orientalistes peuvent bien se livrer ! Il y a là des « nuances » qui échapperont probablement aux lecteurs américains ou européens ; mais nous aurions pensé qu'un Syrien, qui, fût-il chrétien, est tout de même *ibn el-Arab*, eût dû avoir un peu plus de « sensibilité » orientale... Pour en venir à d'autres points plus importants quant au fond, il est regrettable de voir l'auteur admettre la théorie des « emprunts » et du « syncrétisme » ; s'il est « difficile de déterminer les commencements du Soufisme dans l'Islam », c'est que, traditionnellement, il n'a et ne peut avoir d'autre « commencement » que celui de l'Islam lui-même, et c'est dans des questions de ce genre qu'il conviendrait tout particulièrement de se méfier des abus de la moderne « méthode historique ». D'autre part, la doctrine *ishrâqiyah*, au sens propre de ce mot, ne représente qu'un point de vue assez spécial, celui d'une certaine école qui se rattache principalement à Abul-Futûh es-Suhrawardi (qu'il ne faut pas confondre avec le fondateur de la *tarîqah* qui porte le même nom), école qui ne peut être regardée comme entièrement orthodoxe, et à laquelle certains dénient même tout lien réel avec le *taçawwuf*, même par déviation, la considérant plutôt comme simplement « philosophique » ; il est plutôt étonnant qu'on prétende la faire remonter à

Mohyiddin in Arabi lui-même, et il ne l'est pas moins qu'on veuille en faire dériver, si indirectement que ce soit, la *tarîqah* shâdhilite. Quand on rencontre quelque part le mot *ishrâq*, comme dans le traité qui est traduit ici, on n'est pas autorisé pour cela à conclure qu'il s'agit de la doctrine *ishrâqiyah*, pas plus que, partout où se trouve son équivalent occidental d'« illumination », on n'est en droit de parler d'« illuminisme » ; à plus forte raison une idée comme celle de *tawhîd* n'a-t-elle pas été « tirée » de cette doctrine particulière, car c'est là une idée tout à fait essentielle à l'Islam en général, même dans son aspect exotérique (il y a une branche d'études désignée comme *ilm at-'mtawhîd* parmi les *ulûm ez-zâher*, c'est-à-dire les sciences qui sont enseignées publiquement dans les Universités islamiques). L'introduction tout entière n'est en somme bâtie que sur un malentendu causé par l'emploi du terme *ishrâq* ; et le contenu même du traité ne justifie nullement une semblable interprétation, car, en réalité, il ne s'y trouve rien qui ne soit du *taçawwuf* parfaitement orthodoxe. Heureusement, la traduction elle-même, qui est la partie la plus importante du livre, est de beaucoup meilleure que les considérations qui la précèdent ; il est sans doute difficile, en l'absence du texte, de vérifier entièrement son exactitude, mais on peut cependant s'en rendre compte dans une assez large mesure par l'indication d'un grand nombre de termes arabes, qui sont généralement très bien rendus. Il y a pourtant quelques mots qui appelleraient certaines réserves : ainsi, *mukâshafah* n'est pas proprement « révélation », mais plutôt « intuition » ; plus précisément, c'est une perception d'ordre subtil (*mulâtafah*, traduit ici d'une façon assez extraordinaire par *amiability*), inférieure, du moins quand le mot est pris dans son sens strict, à la contemplation pure (*mushâhadah*). Nous ne pouvons comprendre la traduction de *muthûl*, qui implique essentiellement une idée de « similitude », par *attendance*, d'autant plus qu'*âlam el muthûl* est habituellement le « monde des archétypes » ; *baqâ* est plutôt « permanence » que « subsistance » ; *dîn* ne saurait être rendu par « foi », qui en arabe est *imân* ; *kanz el-asrâr er-rabbâniyah* n'est pas « les secrets du trésor divin » (qui serait *asrâr el-kanz el-ilâhî*), mais « le trésor des secrets dominicaux » (il y a une différence importante dans la terminologie « technique », entre *ilâhî* et *rabbânî*). On pourrait sans doute relever encore quelques autres inexactitudes du même genre ; mais, somme toute, tout cela est assez peu de chose dans l'ensemble, et, le traité traduit étant d'ailleurs d'un intérêt incontestable, le livre, à l'exception de son introduction, mérite en définitive d'être recommandé à tous ceux qui étudient l'ésotérisme islamique.

E.T., 1940, p. 166-168.

ÉMILE DERMENGHEM. *Contes Kabyles* (Charlot, Alger). — Ce qui fait surtout l'intérêt de ce recueil de « contes populaires » de l'Afrique du Nord, à notre point de vue, c'est l'introduction et les notes qui les accompagnent, et où sont exposées des vues générales sur la nature du « folklore universel ». L'auteur fait remarquer très justement que « le véritable intérêt des littératures populaires est ailleurs que dans les filiations, les influences et les dépendances externes », qu'il réside surtout en ce qu'elles témoignent « en faveur de l'unité des traditions ». Il fait ressortir l'insuffisance du point de vue « rationaliste et évolutionniste » auquel s'en tiennent la plupart des folkloristes et des ethnologues, avec leurs théories sur les « rites saisonniers » et autres choses du même ordre ; et il rappelle, au sujet de la signification proprement symboliques des contes et du caractère véritablement « transcendant » de leur contenu, certaines des considérations que nous-même et quelques-uns de nos collaborateurs avons exposées ici même. Toutefois, il est à regretter qu'il ait cru devoir malgré tout faire une part plus ou moins large à des conceptions fort peu compatibles avec celles-là : entre les prétendus « rites saisonniers » et les rites initiatiques, entre la soi-disant « initiation tribale » des ethnologues et la véritable initiation, il faut nécessairement choisir ; même s'il est vrai et normal que l'ésotérisme ait son reflet et sa correspondance dans le côté exotérique des traditions, il faut en tout cas se garder de mettre sur le même plan le principe et ses applications secondaires, et, en ce qui concerne celles-ci, il faudrait aussi, dans le cas présent, les envisager entièrement en dehors des idées antitraditionnelles de nos contemporains sur les « sociétés primitives » ; et que dire d'autre part de l'interprétation psychanalytique, qui, en réalité, aboutit tout simplement à nier le « superconscient » en le confondant avec le « subconscient » ? Ajoutons encore que l'initiation, entendue dans son véritable sens, n'a et ne saurait avoir absolument rien de « mystique » ; il est particulièrement fâcheux de voir cette équivoque se perpétuer en dépit de toutes les explications que nous avons pu donner à ce sujet... Les notes et les commentaires montrent surtout les multiples similitudes qui existent entre les contes kabyles et ceux d'autres pays très divers, et il est à peine besoin de dire que ces rapprochements présentent un intérêt particulier comme « illustrations » de l'universalité du folklore. Une dernière note traite des formules initiales et finales des contes, correspondant manifestement à celles qui marquent, d'une façon générale, le début et la fin de l'accomplissement d'un rite, et qui sont en rapport, ainsi que nous l'avons expliqué ailleurs, avec la « coagulation » et la « solution » hermétiques. Quant aux contes eux-mêmes, ils semblent rendus aussi fidèlement que le permet une traduction, et, de plus, ils se lisent fort agréablement.

ÉMILE DERMENGHEM. *Le Mythe de Psyché dans le folklore nord-africain* (Société Historique Algérienne, Alger). — Dans cette étude folklorique, il s'agit des nombreux contes où, dans l'Afrique du Nord comme d'ailleurs en bien d'autres pays, on retrouve réunis ou épars les principaux traits du mythe bien connu de Psyché ; « il n'est pour ainsi dire pas un de ces traits qui ne suggère un sens initiatique et rituel ; il n'en est pas un non plus que nous ne puissions retrouver dans le folklore universel ». Il y a aussi des variantes, dont la plus remarquable est « la forme inversée dans laquelle l'être mystique épousé est féminin » ; les contes de ce type « semblent insister sur le côté actif, le côté conquête, comme s'ils représentaient l'aspect effort humain plutôt que l'aspect passif ou théocentriste » ; ces deux aspects sont évidemment complémentaires l'un de l'autre. Maintenant, qu'Apulée, qui n'a certes pas inventé le mythe, ait pu s'inspirer, pour certains détails de la version qu'il en donne dans son *Âne d'Or*, d'une « tradition orale populaire africaine », cela n'est pas impossible ; mais il ne faut cependant pas oublier que des figurations se rapportant à ce mythe se rencontrent déjà sur des monuments grecs antérieurs de plusieurs siècles ; cette question des « sources » importe d'ailleurs d'autant moins au fond que la diffusion même du mythe indique qu'il faudrait remonter beaucoup plus loin pour en trouver l'origine, si toutefois l'on peut parler proprement d'une origine en pareil cas ; du reste, le folklore comme tel ne peut jamais être le point de départ de quoi que ce soit, car il n'est au contraire fait que de « survivances », ce qui est même sa raison d'être. D'autre part, le fait que certains traits correspondent à des usages, interdictions ou autres, qui ont effectivement existé en relation avec le mariage dans tel ou tel pays, ne prouve absolument rien contre l'existence d'un sens supérieur, dont nous dirions même plutôt, pour notre part, que ces usages eux-mêmes ont pu être dérivés, toujours pour la raison que l'exotérisme a son principe dans l'ésotérisme de sorte que ce sens supérieur et initiatique, bien loin d'être « surajouté » après coup, est au contraire celui qui est véritablement primordial en réalité. L'examen des rapports du mythe de Psyché et des contes qui lui sont apparentés avec les mystères antiques, sur lequel se termine l'étude de M. Dermenghem, est particulièrement digne d'intérêt, ainsi que l'indication de certains rapprochements avec le *taçawwuf*; nous ajouterons seulement, à ce propos, que des similitudes comme celles qu'on peut remarquer entre la terminologie de celui-ci et le vocabulaire platonicien ne doivent nullement être prises pour des marques d'un « emprunt » quelconque, car le *taçawwuf* est proprement et essentiellement islamique, et les rapprochements de ce genre ne font rien d'autre que d'affirmer aussi nettement que possible l'« unanimité » de la tradition universelle sous toutes ses formes.

E.T., 1947, p. 90-91.

HENRY CORBIN. *Suhrawardi d'Alep, fondateur de la doctrine illuminative (ishrâq)* (G.-P. Maisonneuve, Paris). — Suhrawardi d'Alep, à qui est consacrée cette brochure, est celui qu'on a souvent appelé *Esh-Sheikh el-maqtûl* pour le distinguer de ses homonymes, bien que, à vrai dire, on ne sache pas exactement s'il fut tué en effet ou s'il se laissa mourir de faim en prison. La partie proprement historique est consciencieusement faite et donne un bon aperçu de sa vie et de ses œuvres ; mais il y a bien des réserves à faire sur certaines interprétations, ainsi que sur certaines affirmations concernant de prétendues « sources » des plus hypothétiques : nous retrouverons notamment ici cette idée singulière, à laquelle nous avons fait allusion dans un récent article, que toute angélologie tire forcément son origine du Mazdéisme. D'autre part, l'auteur n'a pas su faire comme il convient la distinction entre cette doctrine *ishrâqiyah*, qui ne se rattache à aucune *silsilah* régulière, et le véritable *taçawwuf* ; il est bien hasardé de dire, sur la foi de quelques similitudes extérieures, que « Suhra-wardî est dans la lignée d'El-Hallaj » ; et il ne faudrait assurément pas prendre à la lettre la parole d'un de ses admirateurs le désignant comme « le maître de l'instant », car de telles expressions sont souvent employées ainsi d'une façon tout hyperbolique. Sans doute, il a dû être influencé dans une certaine mesure par le *taçawwuf*, mais, au fond, il semble bien s'être inspirée d'idées néo-platoniciennes qu'il a revêtues d'une forme islamique, et c'est pourquoi sa doctrine est généralement regardée comme ne relevant véritablement que de la philosophie ; mais si les orientalistes ont-ils jamais pu comprendre la différence profonde qui sépare le *taçawwuf* de toute philosophie ? Enfin, bien que ceci n'ait en somme qu'une importance secondaire, nous nous demandons pourquoi M. Corbin a éprouvé parfois le besoin d'imiter, à tel point qu'on pourrait s'y méprendre, le style compliqué et passablement obscur de M. Massignon.

E.T., 1947, p. 92.

MARIE-LOUISE DUBOULOZ-LAFFIN. *Le Bou-Mergoud, Folklore tunisien* (G.P. Maisonneuve, Paris). — Ce gros volume illustré de dessins et de photographies, se rapporte plus spécialement, comme l'indique son sous-titre aux « croyances et coutumes populaires de Sfax et de sa région » : il témoigne, et ce n'est pas là son moindre mérite, d'un esprit beaucoup plus « sympathique » qu'il n'en est le plus habituellement dans ces sortes d'« enquêtes », qui, il faut bien le dire, ont trop souvent comme un faux air d'« espionnage ». C'est d'ailleurs pourquoi les « informateurs » sont si difficiles à trouver, et nous comprenons fort bien la répugnance qu'éprouvent la plupart des gens à répondre à des questionnaires plus ou moins indiscret, d'autant plus qu'ils ne peuvent naturellement deviner les raisons d'une telle curiosité à l'égard de choses qui sont pour eux tout ordinaires. Mme Dubouloz-Laffin, tant par ses fonctions de professeur que par sa mentalité plus compréhensive, était certainement mieux placée que beaucoup d'autres pour obtenir des résultats satisfaisants, et l'on peut dire que, d'une façon générale, elle a fort bien réussi à mener à bonne fin la tâche qu'elle s'était assignée. Ce n'est pas à dire cependant que tout soit ici sans défauts, et cela était sans doute inévitable dans une certaine mesure : à notre avis, l'un des principaux est de sembler présenter comme ayant un caractère purement régional bien des choses qui sont en réalité communes, soit à toute l'Afrique du Nord, soit même au monde islamique tout entier. D'autre part, dans certains chapitres, ce qui concerne les éléments musulmans et juifs de la population se trouve mêlé d'une façon quelque peu confuse ; il aurait été utile, non seulement de le séparer plus nettement, mais aussi, pour ce qui est des Juifs tunisiens, de marquer une distinction entre ce qui leur appartient en propre et ce qui n'est chez eux qu'emprunts au milieu musulman qui les entoure. Une autre chose qui n'est assurément qu'un détail secondaire, mais qui rend la lecture du livre un peu difficile, c'est que les mots arabes y sont donnés avec une orthographe vraiment extraordinaire, qui présente manifestement une prononciation locale entendue et notée d'une manière très approximative ; même si l'on jugeait à propos de conserver ces formes bizarres, quoique nous n'en voyions pas très bien l'intérêt, il aurait du moins été bon d'indiquer à côté les formes correctes, en l'absence desquelles certains mots sont à peu près méconnaissables. Nous ajouterons aussi quelques remarques qui se rapportent plutôt à la conception du folklore en général : on a pris l'habitude d'y faire rentrer des choses fort disparates, et cela peut se justifier plus ou moins bien suivant les cas ; mais ce qui nous paraît tout à fait inexplicable, c'est qu'on y range aussi des faits qui se sont réellement produits dans des circonstances connues, et sans qui ni « croyances » ni « coutumes » y soient pour rien ; nous trouvons ici mêmes quelques exemples de ce genre, et c'est ainsi que, notamment, nous ne voyons pas du tout à quel titre un cas récent et dûment constaté de « possession » ou de « maison hantée » peut bien relever du folklore. Une autre singularité est l'étonnement que manifestent toujours les Européens devant les choses qui, dans un milieu autre que le leur, sont tout à fait normales et courantes, à tel point qu'on n'y prête même aucune attention ; on sent même souvent que, s'ils n'ont pas eu l'occasion de les constater par eux-mêmes, ils ont beaucoup de peine à croire ce qui leur en est dit ; de cet état d'esprit aussi, nous avons remarqué çà et là quelques traces dans cet ouvrage, quoique moins accentuées que dans d'autres du même genre. Quant au contenu même du livre, la plus grande partie concerne d'abord les *jnoun* (*jinn*) et leurs interventions diverses dans la vie des humains, puis, sujet plus ou moins connexe de celui-là, la magie et la sorcellerie, auxquelles se trouve aussi incorporée la médecine ; peut-être la place accordée aux choses de cet ordre est-elle un peu excessive, et il est à regretter que, par contre, il n'y ait à peu près rien sur les « contes populaires », qui pourtant ne doivent pas manquer dans la région étudiée aussi bien que partout ailleurs, car il nous semble que c'est là, en définitive, ce qui fait le fond même du véritable folklore entendu dans son sens le plus strict. La dernière partie, consacrée aux « marabouts », est plutôt sommaire, et c'est certainement la moins satisfaisante, même au simple point de vue « documentaire » ; il est vrai que, pour plus d'une raison, ce sujet était probablement le plus difficile à traiter ; mais du moins n'y retrouvons-nous pas le fâcheux préjugé, trop répandu chez les Occidentaux, qui veut qu'il s'agisse là de quelque chose d'étranger à l'Islam, et qui s'efforce même d'y découvrir, ce à quoi il est toujours possible d'arriver avec un peu d'imagination « érudite », des vestiges de nous ne savons trop quels cultes disparus depuis plusieurs millénaires ?

E.T., 1949, p. 45-46.

REVUES

Les *Études carmélitaines* (numéro d'avril) publient la traduction d'une longue étude de M. Miguel Asin Palacios sur Ibn Abbad de Ronda, sous le titre : *Un précurseur hispano-musulman de saint Jean de la Croix*. Cette étude est intéressante surtout par les nombreux textes qui y sont cités, et d'ailleurs écrite avec une sympathie dont la direction de la revue a cru devoir s'excuser par une note assez étrange : on « prie le lecteur de prendre

garde de donner au mot « précurseur » un sens trop
étendu » ; et il paraît que, si certaines choses doivent
être dites, ce n'est pas tant parce qu'elles sont vraies
que parce qu'on pourrait faire grief à l'Eglise de ne
pas les reconnaître et s'en servir contre elle !
Malheureusement, tout l'exposé de l'auteur est
affecté, d'un bout à l'autre, d'un défaut capital : c'est
la confusion trop fréquente de l'ésotérisme avec le
mysticisme ; il ne parle même pas du tout
d'ésotérisme, il le prend pour du mysticisme,
purement et simplement ; et cette erreur est encore
aggravée par l'emploi d'un langage spécifiquement
« ecclésiastique », qui est tout ce qu'il y a de plus
étranger à l'Islam en général et au Çûfîsme en
particulier, et qui cause une certaine impression de
malaise. L'école *shâdhiliyah*, à laquelle appartenait
Ibn Abbad, est essentiellement initiatique, et, s'il y
a avec des mystiques comme saint Jean de la Croix
certaines similitudes extérieures, dans le
vocabulaire par exemple, elles n'empêchent pas la
différence profonde des points de vue : ainsi, le
symbolisme de la « nuit » n'a certainement pas la
même signification de part et d'autre, et le rejet des
« pouvoirs » extérieurs ne suppose pas les mêmes
intentions ; au point de vue initiatique, la « nuit »
correspond à un état de non-manisfestation (donc

supérieur aux états manifestés, représentés par le
« jour » : c'est en somme le même symbolisme que
dans la doctrine hindoue), et, si les « pouvoirs »
doivent effectivement être écartés, au moins en
règle générale, c'est parce qu'ils constituent un
obstacle à la pure connaissance ; nous ne pensons
pas qu'il en soit tout à fait de même au point de vue
des mystiques. — Ceci appelle une remarque d'ordre
général, pour laquelle, d'ailleurs, il est bien entendu
que M. Asin Palacios doit être mis tout à fait hors de
cause, car on ne saurait le rendre responsable d'une
certaine utilisation de ses travaux. La publication
régulière depuis quelque temps, dans les *Études
carmélitaines*, d'articles consacrés aux doctrines
orientales et dont le caractère le plus frappant est
qu'on s'efforce d'y présenter celles-ci comme
« mystiques », semble bien procéder des mêmes
intentions que la traduction du livre du P. Dandoy
dont nous parlons par ailleurs ; et un simple coup
d'œil sur la liste des collaborateurs de cette revue
justifie entièrement cette impression. Si l'on
rapproche ces faits de la campagne anti-orientale
que connaissent nos lecteurs, et dans laquelle des
milieux catholiques jouent également un rôle, on ne
peut, au premier abord, se défendre d'un certain
étonnement, car il semble qu'il y ait là quelque

incohérence ; mais, à la réflexion, on en arrive à se demander si une interprétation tendancieuse comme celle dont il s'agit ne constituerait pas, elle aussi, quoique d'une façon détournée, un moyen de combat contre l'Orient. Il est bien à craindre, en tout cas, qu'une apparente sympathie ne recouvre quelque arrière-pensée de prosélytisme et, si l'on peut dire, d'« annexionnisme » ; nous connaissons trop l'esprit occidental pour n'avoir aucune inquiétude à cet égard : *Timeo Danaos et dona ferentes* !

V.I., 1932, p. 480-481.

Les Nouvelles littéraires (numéro du 27 mai) ont publié une interview au cours de laquelle M. Elian J. Finbert a jugé bon de se livrer sur notre compte à des racontars aussi fantaisistes que déplaisants. Nous avons déjà dit bien souvent ce que nous pensons de ces histoires « personnelles » : cela n'a pas le moindre intérêt en soi, et, au regard de la doctrine, les individualités ne comptent pas et ne doivent jamais paraître ; en outre de cette question de principe, nous estimons que quiconque n'est pas un malfaiteur a le droit le plus absolu à ce que le secret de son existence privée soit respecté et à ce que rien de ce qui s'y rapporte ne soit étalé devant le public sans son consentement. Au surplus, si

M. Finbert se complaît à ce genre d'anecdotes, il peut facilement trouver parmi les « hommes de lettres », ses confrères, bien assez de gens dont la vanité ne demande qu'à se satisfaire de ces sottises, pour laisser en paix ceux à qui cela ne saurait convenir et qui n'entendent point servir à « amuser » qui que ce soit. Quelque répugnance que nous éprouvions à parler de ces choses, il nous faut, pour l'édification de ceux de nos lecteurs qui auraient eu connaissance de l'interview en question, rectifier tout au moins quelques-unes des inexactitudes (pour employer un euphémisme) dont fourmille ce récit saugrenu. Tout d'abord, nous devons dire que M. Finbert, lorsque nous le rencontrâmes au Caire, ne commit point la grossière impolitesse dont il se vante : il ne nous demanda pas « ce que nous venions faire en Égypte », et il fit bien, car nous l'eussions promptement remis à sa place ! Ensuite, comme il nous « adressait la parole en français », nous lui répondîmes de même, et non point « en arabe » (et, par surcroît, tous ceux qui nous connaissent tant soit peu savent comme nous sommes capable de parler « avec componction ! » ; mais ce qui est vrai, nous le reconnaissons volontiers, c'est que notre réponse dut être « hésitante »... Tout simplement parce que, connaissant la réputation dont jouit notre interlocuteur (à tort ou à raison, ceci n'est pas notre affaire), nous étions plutôt gêné à la pensée d'être vu en sa compagnie ; et c'est précisément pour éviter le risque d'une nouvelle rencontre au-dehors que nous acceptâmes d'aller le voir à la pension où il logeait. Là, il nous arriva peut-être, dans la conversation, de prononcer incidemment quelques mots arabes, ce qui n'avaient rien de bien extraordinaire ; mais ce dont nous sommes parfaitement certain, c'est qu'il ne fut aucunement question de « confréries » (« fermées » ou non, mais en tout cas nullement « mystiques »), car c'est là un sujet que, pour de multiples raisons, nous n'avions pas à aborder avec M. Finbert. Nous parlâmes seulement, en termes très vagues, de personnes qui possédaient certaines connaissances traditionnelles, sur quoi il nous déclara que nous lui faisions entrevoir là des choses dont il ignorait totalement l'existence (et il nous l'écrivit même encore après son retour en France). Il ne nous demanda d'ailleurs pas de le présenter à qui que ce soit, et encore bien moins de « le conduire dans les confréries », de sorte que nous n'eûmes pas à le lui refuser ; il ne nous donna pas davantage « l'assurance qu'il était initié (sic) depuis fort longtemps à leurs pratiques et qu'il y était considéré comme un Musulman » (!), et c'est fort heureux pour nous, car nous n'aurions pu, en dépit de toutes les convenances, nous empêcher d'éclater de rire ! À travers la suite, où il est question de « mystique populaire » (M. Finbert paraît affectionner tout spécialement ce qualificatif), de « concerts spirituels » et autres choses exprimées de façon aussi confuse qu'occidentale, nous avons démêlé sans trop de peine où il avait pu pénétrer : cela est tellement sérieux... qu'on y conduit même les touristes ! Nous ajouterons seulement que, dans son dernier roman intitulé *Le Fou de Dieu* (qui a servi de prétexte à l'interview), M. Finbert a donné la juste mesure de la connaissance qu'il peut avoir de l'esprit de l'Islam : il n'est pas un seul Musulman au monde, si *magzûb* et si ignorant qu'on veuille le supposer, qui puisse s'imaginer reconnaître le *Mahdi* (lequel ne doit nullement être « un nouveau Prophète ») dans la personne d'un Juif... Mais on pense évidemment (et non sans quelque raison, hélas !) que le public sera assez... *mughaffal* pour accepter n'importe quoi, dès lors que cela est affirmé par « un homme qui vint de l'Orient »... mais qui n'en connut jamais que le « décor » extérieur. Si nous avions un conseil à donner à M. Finbert, ce serait de se consacrer à écrire des romans exclusivement juifs, où il serait certes beaucoup plus à l'aise, et de ne plus s'occuper de l'Islam ni de l'Orient... non plus que de nous-même. *Shuf shughlek, yâ khawaga* !

— Autre histoire de tout aussi bon goût : M. Pierre Mariel, l'intime ami de « feu Mariani », a fait paraître récemment dans *Le Temps* une sorte de roman-feuilleton auquel il a donné un titre beaucoup trop beau pour ce dont il s'agit : *L'esprit souffle où il veut,* et dont le but principal semble être d'exciter certaines haines occidentales ; nous ne le féliciterons pas de se prêter à cette jolie besogne... Nous n'aurions pas parlé de cette chose méprisable s'il n'avait pas profité de l'occasion pour se permettre à notre égard une insolence toute gratuite, qui nous oblige à lui répondre ceci : 1° nous n'avons pas à lui dire ce que nous avons pu « franchir » ou non, d'autant plus qu'il n'y comprendrait certainement rien, mais nous pouvons l'assurer que nous ne faisons nulle part figure de « postulant » ; 2° sans vouloir médire le moins du monde des Senoussis, il est permis de dire que ce n'est certes pas à eux que doivent s'adresser ceux qui veulent « recevoir des initiations supérieures » ; 3° ce qu'il appelle, avec un pléonasme assez comique, « les derniers degrés de l'échelle initiatique soufi » (*sic*), et même des degrés qui sont encore loin d'être les derniers, ne s'obtiennent point par les moyens extérieurs et « humains » qu'il paraît supposer, mais uniquement comme résultat d'un travail tout intérieur, et, dès lors que quelqu'un a été rattaché à la *silsilah*, il n'est plus au pouvoir de personne de l'empêcher d'accéder à tous les degrés s'il en est capable ; 4° enfin, s'il est une tradition où les questions de race et d'origine n'interviennent en aucune façon, c'est certainement l'Islam, qui, en fait, compte parmi ses adhérents des hommes appartenant aux races les plus diverses. Par ailleurs, on retrouve dans ce roman tous les clichés plus ou moins ineptes qui ont cours dans le public européen, y compris le « Croissant » et l'« étendard vert du Prophète » ; mais quelle connaissance des choses de l'Islam pourrait-on bien attendre de quelqu'un qui, tout en prétendant évidemment se rattacher au Catholicisme, connaît assez mal celui-ci pour parler d'un « conclave » pour la nomination de nouveaux cardinaux ? C'est même sur cette « perle » (*margaritas ante porcos...*, soit dit sans irrévérence pour ses lecteurs) que se termine son histoire, comme s'il fallait voir là... la « marque du diable » !

V.I., 1933, p. 434-436.

— Dans *Mesures* (numéro de juillet), M. Émile Dermenghem étudie, en citant de nombreux exemples, *L'« instant » chez les mystiques et chez quelques poètes* ; peut-être faut-il regretter qu'il n'ait pas distingué plus nettement, dans cet exposé, trois degrés qui sont en réalité très différents : d'abord, le sens supérieur de l'« instant », d'ordre proprement métaphysique et initiatique, qui est naturellement celui qui se rencontre notamment dans le Soufisme, et aussi dans le *Zen* japonais (dont le *satori*, en tant que procédé technique de réalisation, est manifestement apparenté à certaines méthodes taoïstes) ; ensuite, le sens, déjà amoindri ou restreint dans sa portée, qu'il prend chez les mystiques ; enfin, le reflet plus ou moins lointain qui peut en subsister encore chez certains poètes profanes. D'autre part, nous pensons que le point essentiel, celui qui, dans le premier cas tout au moins, donne à l'« instant » sa valeur profonde, réside beaucoup moins dans sa soudaineté (qui est d'ailleurs plus apparente que réelle, ce qui se manifeste alors étant toujours, en fait, l'aboutissement d'un travail préalable, parfois fort long, mais dont l'effet était demeuré latent jusque-là) que dans son caractère d'indivisibilité, car c'est celui-ci qui permet sa transposition dans l'« intemporel », et, par suite, la transformation d'un état transitoire de l'être en une acquisition permanente et définitive.

E.T., 1938, p. 423.

Sur le Taoïsme

HENRI BOREL. *Wu Wei* ; traduit du hollandais par Mme Félicia Barbier (Éditions du Nouveau Monde). — La première traduction française de ce petit livre était épuisée depuis longtemps ; nous sommes heureux de signaler l'apparition d'une nouvelle traduction, car, sous son apparence simple et sans prétentions « érudites », il est certainement une des meilleures choses qui aient été écrites en Occident sur le Taoïsme. Le sous-titre : « fantaisie inspirée par la philosophie de Lao-tsz' », risque peut-être de lui faire quelque tort ; l'auteur l'explique par certaines observations qui lui ont été adressées, mais dont il nous semble qu'il n'était point obligé de tenir compte, étant donné surtout la médiocre estime en laquelle il tient, à très juste raison, les opinions des sinologues plus ou moins « officiels ». « Je ne me suis attaché, dit-il qu'à conserver, pure, l'essence de la sagesse de Lao-tsz'... L'œuvre de Lao-tsz' n'est pas un traité de philosophie... Ce que Lao-tsz' nous apporte, ce ne sont ni des formes, ni des matérialisations ; ce sont des essences. Mon étude en est imprégnée ; elle n'en est point la traduction. » L'ouvrage est divisé en trois chapitres, où sont exposées sous la forme d'entretiens avec un vieux sage, d'abord l'idée même du « Tao », puis des applications particulières à « l'Art » et à « l'Amour » ; de c'est deux derniers sujets, Lao-tseu lui-même n'a jamais parlé, mais l'adaptation, pour être un peu spéciale peut-être, n'en est pas moins légitime, puisque toutes choses découlent essentiellement du Principe universel. Dans le premier chapitre, quelques développements sont inspirés ou même partiellement traduit de Tchoang-tseu, dont le commentaire est certainement celui qui éclaire le mieux les formules si concises et si synthétiques de Lao-tseu. L'auteur pense avec raison qu'il est impossible de traduire exactement le terme « Tao » ; mais peut-être n'y a-t-il pas tant d'inconvénients qu'il paraît le croire à le rendre par « Voie » qui est le sens littéral, à la condition de bien faire remarquer que ce n'est là qu'une désignation toute symbolique, et que d'ailleurs il ne saurait en être autrement, quelque mot que l'on prenne, puisqu'il s'agit de ce qui en réalité ne peut être nommé. Où nous approuvons entièrement M. Borel, c'est quand il proteste contre l'interprétation que les sinologues donnent du terme « Wu Wei », qu'ils regardent comme un équivalent d'« inaction » ou d'« inertie », alors que « c'est exactement le contraire qu'il faut y voir » ; on pourra d'ailleurs se reporter à ce que nous disons d'autre part sur ce sujet. Nous citerons seulement ce passage, qui nous paraît bien caractériser l'esprit du livre : « Lorsque tu sauras être Wu Wei, Non-Agissant, au sens ordinaire et humain du terme, tu *seras* vraiment, et tu accompliras ton cycle vital avec la même absence d'effort que l'onde mouvante à nos pieds. Rien ne troublera plus ta quiétude. Ton sommeil sera sans rêves, et ce qui entrera dans le champ de ta conscience ne te causera aucun souci. Tu verras tout en Tao, tu seras *un* avec tout ce qui existe, et la nature entière te sera proche comme une amie, comme ton propre moi. Acceptant sans t'émouvoir les passages de la nuit au jour, de la vie à trépas, porté par le rythme éternel, tu entreras en Tao où rien ne change jamais, où tu retourneras aussi pur que tu en es sorti. » Mais nous ne saurions trop engager à lire le livre en entier ; et il se lit d'ailleurs fort agréablement, sans que cela ôte rien à sa valeur de pensée.

V.I., 1932, p. 604-605.

BHIKSHU WAI-TAO and DWIGHT GODDARD. *Laotzu's Tao and Wu-Wei, a new translation.* (Dwight Goddard, Santa Barbara, California ; Luzac and Co, London). — Ce volume contient une traduction du *Tao-te-King* dont le principal défaut, à ce qu'il nous semble, est de revêtir trop souvent une teinte sentimentale qui est fort éloignée de l'esprit du Taoïsme ; peut-être est-il dû pour une part aux tendances « bouddhisantes » de ses auteurs, du moins si l'on en juge d'après leur introduction. Vient ensuite une traduction du *Wu-Wei* d'Henry Borel, dont nous avons parlé ici autrefois, par M.E. Reynolds. Enfin, le livre se termine par une esquisse historique du Taoïsme, par le Dr Kiang Kang-Hu, faite malheureusement d'un point de vue bien extérieur : parler de « philosophie » et de « religion », c'est méconnaître complètement l'essence initiatique du Taoïsme, soit en tant que doctrine purement métaphysique, soit même dans les applications diverses qui en sont dérivées dans l'ordre des sciences traditionnelles.

V.I., 1936, p. 156.

— Le *Lotus bleu* (numéro d'août-septembre) publie, sous le titre : *Révélations sur le Bouddhisme japonais*, une conférence de M. Steinilber-Oberlin sur les méthodes de développement spirituel en usage dans la secte *Zen* (nom dérivé du sanscrit *dhyâna*, « contemplation », et non pas *dziena*, que nous voulons croire une simple faute d'impression) ; ces méthodes ne paraissent d'ailleurs point « extraordinaires » à qui connaît celles du Taoïsme, dont elles ont très visiblement subi l'influence dans une large mesure. Quoi qu'il en soit, cela est assurément intéressant ; mais pourquoi ce gros mot de « révélations » qui ferait volontiers croire à une trahison de quelque secret ?

V.I., 1932.

— Le *Larousse mensuel* (numéro de mars) contient un article sur *la religion et la Pensée chinoises* ; ce titre même est bien caractéristique des ordinaires confusions occidentales. Cet article paraît inspiré pour une bonne part des travaux de M. Granet, mais non pas dans ce qu'ils ont de meilleur, car, dans un semblable « raccourci », la documentation est forcément bien réduite, et il reste surtout les interprétations contestables. Il est plutôt amusant de voir traiter de « croyances » les connaissances traditionnelles de la plus scientifique précision, ou encore affirmer que la « sagesse chinoise reste étrangère aux préoccupations métaphysiques »... Parce qu'elle n'envisage pas le dualisme cartésien de la matière et de l'esprit et ne prétend pas opposer l'homme à la nature ! Il est à peine besoin de dire, après cela, que le Taoïsme est particulièrement mal compris : on s'imagine y trouver toute sorte de choses, excepté la doctrine purement métaphysique qu'il est essentiellement en réalité...

E.T., 1936, p. 199.

Déjà parus

Omnia Veritas Ltd présente :

RENÉ GUÉNON
AUTORITÉ SPIRITUELLE
ET POUVOIR TEMPOREL

« la distinction des castes constitue, dans l'espèce humaine, une véritable classification naturelle à laquelle doit correspondre la répartition des fonctions sociales »

L'égalité n'existe nulle part en réalité

OMNIA VERITAS LTD PRÉSENTE :

RENÉ GUÉNON
ÉTUDES SUR L'HINDOUISME

« En considérant la contemplation et l'action comme complémentaires, on se place à un point de vue déjà plus profond et plus vrai »

... la double activité, intérieure et extérieure, d'un seul et même être

Omnia Veritas Ltd présente :

RENÉ GUÉNON
INITIATION
ET
RÉALISATION SPIRITUELLE

« Sottise et ignorance peuvent en somme être réunies sous le nom commun d'incompréhension »

Le peuple est comme un « réservoir » d'où tout peut être tiré, le meilleur comme le pire